OUTDOOR NÄHEN FÜR Kids

NÄHEN FÜR KIDS
GRÖSSE 92 BIS 128

OUTDOOR

SOFTSHELL, FLEECE, SWEAT, BADE-LYCRA & CO.

TEXTIL sucht

EMF

EIN BUCH DER
EDITION MICHAEL FISCHER

INHALT

Vorwort 7

GRUNDLAGEN

Elastische Stoffe 10
Funktionsstoffe 12
Taschenstoffe 14
Weitere Materialien 16
Werkzeuge 17
Wichtige Techniken 20
Größenauswahl 28
Vorbereitungen 29

ENDLICH SOMMER!

Badeanzug 32
Badeshirt 38
Badehose 42
Badeponcho 46

NO RAIN, NO RAINBOW!

Regenhut 52
Regenhose 56
Regenjacke 64

FREIZEITSPASS

Matschhose 74
Softshelljacke 80
Jogginghose 90
Collegejacke 94
Umhängetasche 100

WARM UND KUSCHELIG

Wintermantel 108
Fleecepullover 116

Glossar 124
Über die Autorin 125
Danke 125
Noch mehr tolle Bücher 126

UMHÄNGETASCHE, S.100

BADEHOSE, S.42

MATSCHHOSE, S.74

BADEANZUG, S.32

WINTERMANTEL, S.108

Vorwort

Als ich mit dem Nähen für meine Kinder begonnen habe, nähte ich zunächst einfache Hosen und Oberteile aus Jersey. Nach und nach habe ich mich dann auch an „kompliziertere" Materialien herangetraut und entdeckt, wie viel Spaß es macht, individuelle Outdoor-Kleidung zu nähen. Passende Materialien gibt es inzwischen in vielen verschiedenen Farben und Mustern. Ich möchte dich mit diesem Buch inspirieren und ermutigen, dich auch an andere Materialien, jenseits der gewebten Baumwolle, heranzutrauen. Keine Sorge, ich erkläre dir, worauf es dabei ankommt.

Im Grundlagenteil stelle ich verschiedene Materialien und Nähtechniken genauer vor und gebe Tipps zu deren Verarbeitung. Die bebilderten Schritt-für-Schritt-Anleitungen sorgen dafür, dass dein Nähprojekt auf Anhieb gelingt. Im Glossar findest du Erläuterungen zu den wichtigsten Begriffen.

Ich wünsche dir viel Spaß beim Nähen,

Julia

Grundlagen

Elastische Stoffe

ALPENFLEECE
Alpenfleece ist ein weicher und kuscheliger Stoff, der aus zwei verschiedenen Seiten besteht (Doubleface). Die Vorderseite ist aus einem gemütlichen Sweatshirtstoff, die Rückseite besteht aus einem flauschigen Kunstfell aus Polyester, das bei Kleidungsstücken als wärmendes Futter dient und so für einen besonders angenehmen Tragekomfort sorgt. Andere Bezeichnungen für Alpenfleece sind auch Kuschelsweat oder Happy Fleece. Es wird überwiegend für Bekleidung wie z. B. Pullover, Jacken, Jogginghosen, Babydecken oder Mützen verwendet.

JERSEY
Bei Jersey handelt es sich um einen weichen, dehnbar gestrickten Stoff. Jersey kann aus verschiedenen Garnen wie Viskose, Baumwolle, Wolle oder Seide hergestellt werden. Wegen seiner Elastizität wird er hauptsächlich für Bekleidung verwendet.

LYCRA
Es handelt sich hier um eine hochelastische synthetische Faser. Durch die hohe Elastizität bietet aus Lycra hergestellter Stoff eine perfekte Passform und besonders gute Pflegeeigenschaften. Er trocknet schnell und ist sehr beliebt zum Nähen von Sport- und Badekleidung oder Unterwäsche.

SWEAT
Dieser Maschenstoff ähnelt dem Baumwolljersey und besitzt zusätzlich eine angeraute Unterseite. Er ist daher dicker, fühlt sich weicher und wärmer an. Sweat besteht meistens zu 80 % aus Baumwolle und ist je nach seinem Elasthananteil mehr oder weniger dehnbar.

BÜNDCHENSTOFF
Dieser Stoff wird in der Regel als Strickschlauch gefertigt und ist je nach Elasthananteil mehr oder weniger elastisch. Wie schon der Name verrät, eignet er sich gut für das Einfassen von Öffnungen an Ärmeln, Halsausschnitten, Hosenbeinen und natürlich zum Annähen von Bündchen.

Die neuste Bündchengeneration sind die Cuff-Me-Strickbündchen, die an einer Seite offen sind.

NÄHNADELN
Damit dein Nähstück gelingt, ist es entscheidend, die richtigen Nadeln zu verwenden. Für elastische Stoffe gibt es spezielle Jersey- oder Stretchnadeln. Diese Nadeln haben eine runde Nadelspitze und schieben das Gewebe beim Nähen zur Seite, ohne es zu beschädigen.

Die Stärken dieser Nähmaschinennadeln reichen von 70 bis 100 NM. Ich empfehle dir eine Nadelstärke von 70 oder 80 NM.

VERARBEITUNGSTIPPS

Dehnbare Stoffe werden am besten mit der Overlock oder dem Overlockstich der Nähmaschine genäht. Die Nähte bleiben so elastisch und das Kleidungsstück wird dehnbar. Wenn Bündchenstreifen zum Ring zusammengenäht werden, empfehle ich dir den dreifachen Geradstich, damit die Nahtzugabe auseinandergelegt werden kann. Nähst du bestimmte Teile verstürzt zusammen, verwendest du die normale Nähmaschine und nähst ohne Versäuberung. Die Stoffe fransen nicht aus, und die Naht bleibt schön flach.

ALPENFLEECE

SWEAT

JERSEY

BÜNDCHENSTOFF

LYCRA

CUFF-ME-STRICKBÜNDCHEN

Funktionsstoffe

FROTTEE
Frottee ist ein besonders weiches und saugfähiges Gewebe, das gern für Handtücher oder Bademäntel verwendet wird. Frottee wird aus speziellen Zwirnen hergestellt, die bereits Schlingen enthalten und so ein größeres Volumen des Stoffes ergeben.

REGENKLEIDUNGSSTOFF
Dieser gummierte Stoff ist auch unter dem Namen Friesennerz bekannt. Moderne Regenmantelstoffe bestehen aus Kunstfasern mit Klimamembranen wie z. B. Goretex oder Sympatex, welche den Stoff atmungsaktiv machen.

SOFTSHELL
Wer bei Wind und Wetter vor die Tür gehen möchte, braucht entsprechende Kleidung. Softshell besteht aus Kunstfasern wie Polyester, Polypropylen oder Polyamid. Softshell ist nicht nur wärmend, sondern zusätzlich winddicht und bis zu einem gewissen Grad wasserabweisend. Im gleichen Zuge ist er atmungsaktiv und deshalb als Outdoor-Stoff so beliebt.

STEPPSTOFFE
Sie sind wärmend, leicht und kuschelweich und bestehen in der Regel aus drei Lagen. Der klassische Aufbau ist Oberstoff-Wattierung-Futterstoff. Durch die Wattierung besitzt der Stoff eine gute Wärmeisolation.

WOLLWALK
Walk ist eines meiner liebsten Materialien für Jacken und Mäntel, da es sich bei Wolle um eine Naturfaser handelt. Er hat wärmende und vor allem temperaturausgleichende Eigenschaften und ist meist winddicht, wasserabweisend und sehr strapazierfähig. Der Stoff wird zunächst gewebt und anschließend durch Walken so verfilzt, dass seine ursprüngliche Struktur nicht mehr zu erkennen ist.

NÄHNADELN
Ich empfehle dir bei allen Funktionsstoffen eine Universalnadel mit der Stärke 80 zu verwenden und die Stichlänge etwas größer einzustellen. Mit 3–3,5 liegst du genau richtig.

VERARBEITUNGSTIPPS

Funktionsstoffe zu verarbeiten ist gar nicht schwer, wenn man einige Dinge beachtet. Gerade bei beschichteten Stoffen wie Softshell oder Regenkleidungsstoff ist es wichtig, keine Stecknadeln, sondern Stoffklammern zu verwenden. Stecknadeln würden Löcher in den Stoff stechen und diesen undicht machen. Beide Stoffe fransen nicht aus und können mit der Haushaltsnähmaschine genäht werden. Bis auf die sichtbaren Nähte einer Jacke beispielsweise, diese nähe ich gern mit der Overlock. Da beschichtete Stoffe manch-mal schlecht transportiert werden und am Nähfüßchen kleben, kannst du beim Absteppen etwas Backpapier dazwischenlegen oder einen Teflonfuß benutzen.

FROTTEE

STEPPSTOFF

REGENKLEIDUNGSSTOFF

WOLLWALK

SOFTSHELL

Taschenstoffe

BAUMWOLL-WEBSTOFF
Baumwoll-Webstoff, auch Webware genannt, ist ein aus Kett- und Schussfäden gewebter Stoff. Sie bilden ein Gewebe, welches nicht dehnbar ist. Der Stoff ist dadurch nicht so anschmiegsam wie beispielsweise Jersey, aber dafür strapazierfähiger. Je nach Stoffgewicht und Fadendicke wird er gerne für Blusen, Hemden und Röcke oder Hosen, Jacken und leichte Mäntel verwendet. Ganz allgemein eignen sich Baumwollstoffe außerdem für Deko- und Wohnaccessoires.

BESCHICHTETER BAUMWOLLSTOFF
Stoffe aus beschichteter Baumwolle gibt es inzwischen in allen Farben und Mustern. Sie sind eine gute Kombination aus hochwertiger Naturfaser und wasserabweisender Synthetik und lassen sich vielseitig einsetzen. Du kannst sie für Projekte wie Taschen oder Deko- und Wohnaccessoires verwenden.

NÄHNADELN
Auch hier verwendest du eine Universalnadel mit einer Stärke von 80 oder 90. Für besonders dicke Stoffe kannst du auch eine spezielle Jeansnadel nutzen.

BAUMWOLL-WEBSTOFF

BESCHICHTETE BAUMWOLLE

TIPP

Auch bei diesen Stoffen empfehle ich dir, Klammern anstatt Stecknadeln zu verwenden, da auch hier Löcher im Stoff sichtbar bleiben können. Kleine Gewichte helfen beim Zuschneiden.

Weitere Materialien

FRAMILON
Framilon, oder auch Framilastic genannt, ist ein durchsichtiges Gummiband aus Polyurethan mit sehr guter Dehnungsfähigkeit und Spannkraft. Es wird zum Stabilisieren einer Naht bei dehnbaren Stoffen verwendet und ist hilfreich beim Kräuseln und Einhalten von Stoffen. Da es chlorresistent ist, wird es auch gern bei Badebekleidung eingesetzt.

GURTBAND
Gurtbänder in verschiedenen Farben und Stärken eignen sich hervorragend für individuelle Taschen und Rucksäcke. Durch ihre besondere Webart sind sie sehr stabil und belastbar. Sie bestehen aus Polyamid oder Polyester und nehmen kaum Feuchtigkeit auf, sind sehr UV-stabil und haben eine glatte, weiche und leicht glänzende Oberfläche.

NAHTDICHTBAND
Bänder zum Abdichten von Nähten werden aus thermoplastischen Klebefilmrollen oder entsprechend beschichteten Stoffrollen hergestellt. Die geschnittenen Bänder werden aufgebügelt und dienen dem Zweck, Nähte abzudichten und somit das Durchsickern von Wasser zu verhindern.

BESCHICHTETER REISSVERSCHLUSS
Möchte man beispielsweise eine Jacke wirklich wasserdicht bekommen, ist es ratsam, auch einen wasserabweisenden Reißverschluss zu verwenden. Es gibt verschiedene Arten, bei den gängigsten Modellen ist eine PU-Beschichtung auf die Vorderseiten der Reißverschlusstragbänder aufgebracht. Die Reißverschlussspirale ist in diesem Fall innenliegend.

FRAMILON

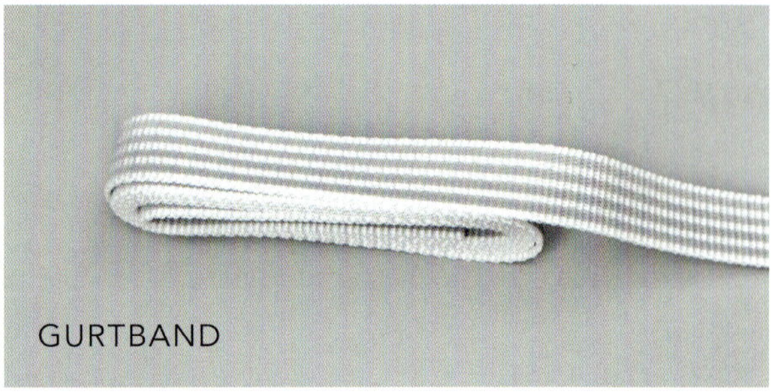
GURTBAND

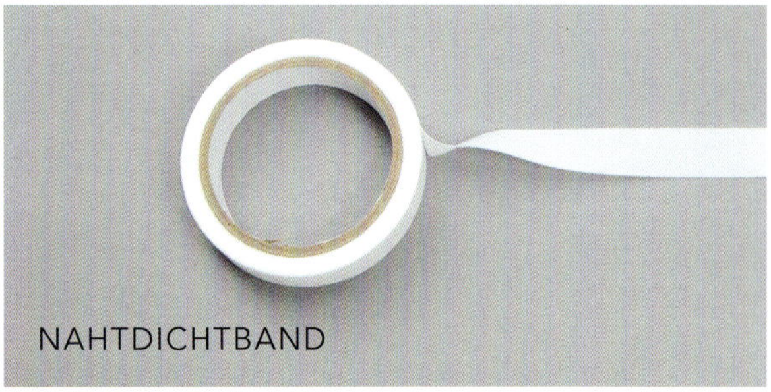
NAHTDICHTBAND

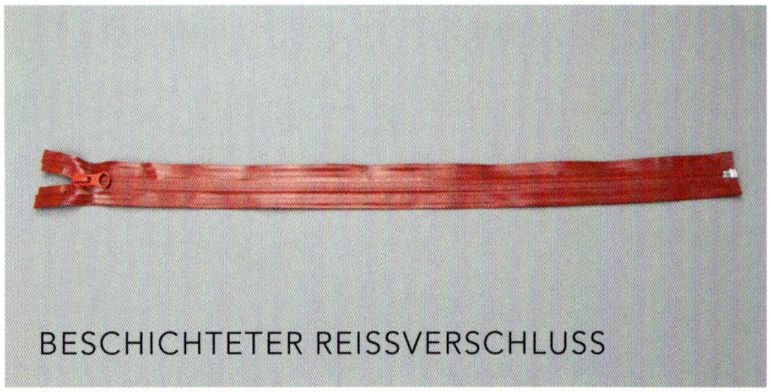
BESCHICHTETER REISSVERSCHLUSS

Werkzeuge

Nähmaschinen

HAUSHALTSNÄHMASCHINE

Eine Haushaltsnähmaschine ist unverzichtbar für alle Projekte. Sie sollte, neben dem Geradstich, mindestens über einen Zickzackstich, einen dreifachen Geradstich sowie ein Knopflochprogramm verfügen. Du verwendest sie zum Zusammennähen von Webware sowie zum Absteppen von Nähten aller Materialien.

OVERLOCK

Die Overlock kann gleichzeitig schneiden, nähen und versäubern. Die Maschine arbeitet mit zwei parallel verlaufenden Nadeln sowie einem Obergreifer und einem Untergreifer. Sie eignet sich vor allem zum Nähen von elastischen Stoffen, da die Overlocknaht ebenfalls eine gewisse Elastizität aufweist. Die beiden Nadeln bilden die Stiche und nähen wie bei einer herkömmlichen Nähmaschine den Stoff zusammen. Die Greifer umschlingen die Stoffkante und versäubern sie somit.

COVERLOCK

Eine Coverlock schneidet den Stoff im Gegensatz zur Overlock beim Nähen nicht gleichzeitig ab. Dennoch ähnelt sich das Stichbild ein wenig, da auch hier die Fäden verkettelt werden. Eine Coverlockmaschine ist, je nach Ausführung, in der Lage, mit drei oder vier Fäden zu arbeiten. Sie wird zum Säumen und für Ziernähte eingesetzt.

Zubehör

BÜGELEISEN UND BÜGELBRETT

Für schöne Nähergebnisse ist ein Bügeleisen unerlässlich. Idealerweise verwendest du ein Dampfbügeleisen, dazu ein Bügelbrett oder eine Unterlage für den Tisch. Neben dem Bügeln des fertigen Stücks wird auch zwischen den einzelnen Nähschritten gebügelt, um nachfolgende Arbeiten zu erleichtern.

LOCHZANGE UND ALLZWECKZANGE

Um Ösen oder Druckknöpfe anzubringen, sind diese beiden Werkzeuge die perfekten Helfer. Die Allzweckzange kann mit verschiedenen Aufsätzen sowohl Ösen als auch Nieten oder Druckknöpfe einschlagen.

MASSBAND UND HANDMASS

Ein Maßband, um die Körpermaße zu messen, gehört beim Nähen dazu. Gerade zum Säumen ist auch ein Handmaß, bei dem die Bemaßung direkt an der Kante beginnt, sehr praktisch.

NÄHNADELN

Nähnadeln gibt es sowohl für die Nahmaschine als auch zum Nähen mit der Hand.

Für die Nähmaschine habe ich immer ein kleines Nadelsortiment für verschiedene Stoffarten und -stärken. Die Zahl auf der Verpackung gibt die Nadelstärke an: Eine 70er-Nadel ist für feine Stoffe, eine 100er für sehr dicke und feste Stoffe geeignet. Für die Näharbeiten mit einfachen gewebten Baumwollstoffen verwende ich meistens eine Universalnadel mit der Stärke 80.

NÄHGARN

Welche Garnart eignet sich wofür? Grundsätzlich kann ich dir empfehlen, beim Garn nicht auf den Preis, sondern unbedingt auf die Qualität zu achten. Zwar ist Markengarn nicht so günstig wie eine Garnbox aus dem Sonderangebot beim Discounter, aber der Ärger über einen ständig reißenden Faden beim Nähen oder eine geplatzte Naht am neuen Lieblingsteil wiegt schwerer. Polyestergarn ist der Allrounder unter den Garnen und kann eigentlich für so ziemlich jedes Nähprojekt verwendet werden. Du findest es daher auch oft unter der Bezeichnung „Allesnäher". Der Vorteil von Polyestergarn ist die Dehnbarkeit, und dass es beim Waschen nicht einläuft. Polyester zieht auch keine Nässe, weswegen es sich z. B. auch gut zum Nähen von Outdoor-Kleidung eignet.

NAHTTRENNER

Auch wenn man noch so geübt im Nähen ist, kommt man manchmal um das Auftrennen nicht herum. Damit es leichter von der Hand geht und wirklich nur der Faden aufgeschnitten wird, kannst du einen Nahttrenner verwenden. Er ist außerdem ein praktischer Helfer zum Einschneiden von Taschenschlitzen und Ähnlichem.

ROLLSCHNEIDER, LINEAL UND SCHNEIDEMATTE
Eine unverzichtbare Ergänzung zu einer guten Stoffschere ist ein Rollschneider. Du kannst damit superschnell deine Schnittmuster einfach umrunden und ausschneiden. Gerade Streifen für Bündchen usw. werden mit dem Rollschneider in Verbindung mit einem Lineal exakter zugeschnitten als mit der Schere. Die meisten Rollschneider haben auch noch andere Klingen – zum Beispiel für Wellenschnitte. Eine Schneidematte darf an keinem Nähplatz fehlen. Sie eignet sich zum Messen und Zuschneiden, als Tischschutz und ist natürlich absolut unverzichtbar bei Patchworkarbeiten.

SCHNEIDERKREIDE
Um Markierungen oder Einschnitte auf den Stoff zu übertragen, verwendest du Schneiderkreide oder Trickmarker. Schneiderkreide gibt es in verschiedenen Formen, ich verwende am liebsten den Kreidestift. Beides wäscht sich wieder aus und ist später auf dem Stoff nicht mehr zu sehen.

SCHNEIDERSCHERE
Die Investition in eine gute Stoffschere wirkt sich enorm auf den Spaß beim Zuschneiden aus. Es gibt gute günstige Modelle, oder man investiert etwas mehr Geld in eine Schere aus Edelstahl. Diese liegt stabil in der Hand und ist gut geeignet für schwere Stoffe. Sie kann geschliffen werden und hat dadurch eine lange Lebensdauer.

STECKNADELN UND STOFFKLAMMERN
Gut gesteckt ist halb genäht. Stecke dir deine Stoffteile vor dem Nähen exakt zusammen, so verhinderst du ein Verrutschen unter der Nähmaschine. Für beschichtete Stoffe wie Softshell oder Regenkleidungsstoffe solltest du, wenn möglich, keine Stecknadeln, sondern Stoffklammern verwenden, da diese keine Löcher hinterlassen.

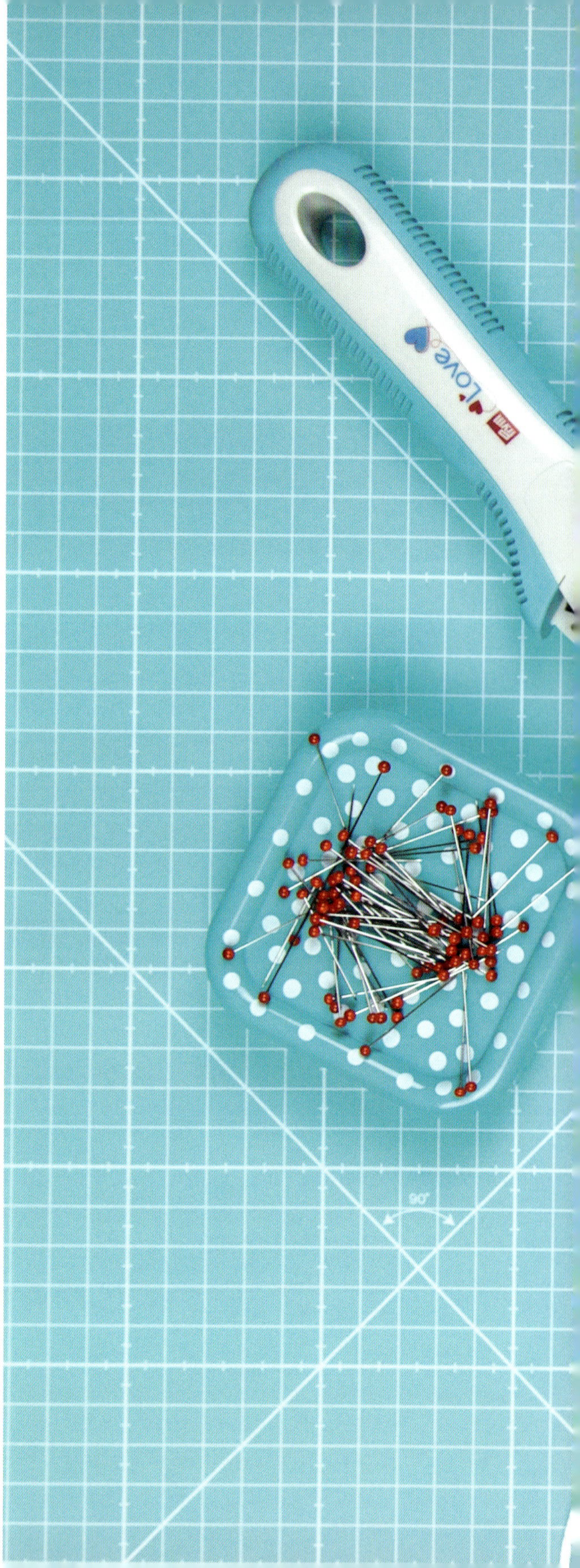

Wichtige Techniken

EINFASSEN

Eine Möglichkeit der Kantenversäuberung ist das Einfassen mit Schrägband. Es bildet einen schönen Abschluss. Manchmal ist es notwendig einzufassen, damit ein Kleidungsstück, welches doppellagig genäht wird, nicht mehr gewendet werden muss.

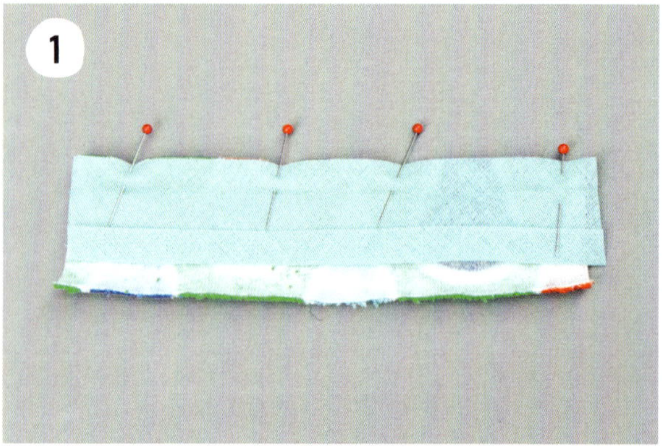

1. Das Schrägband aufklappen und rechts auf links auf den Stoff nähen.

2. Das Nähstück wenden.

3. Das Schrägband um die Stoffkante klappen und feststecken.

4. Von rechts knappkantig absteppen.

REISSVERSCHLUSS KÜRZEN

Nicht immer findet man den passenden Reißverschluss für ein bestimmtes Nähprojekt. Einen Reißverschluss zu kürzen ist gar nicht schwer.

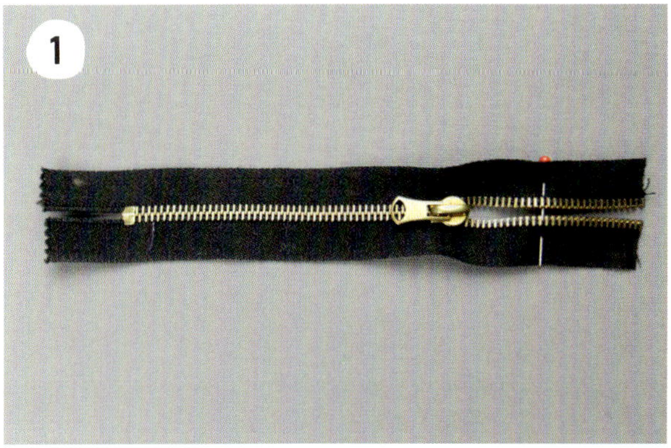

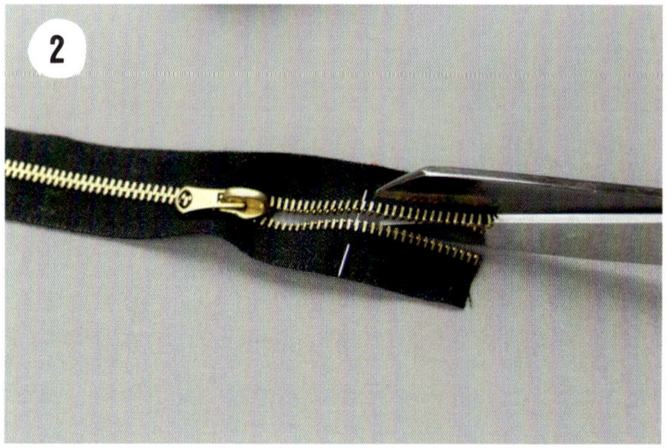

1. Markiere zunächst die korrekte Länge des Reißverschlusses mit einer Stecknadel.

2. Schneide anschließend vorsichtig die Zacken bis 1 cm oberhalb der Markierung heraus oder entferne sie mit einer Zange. Bei einem Kunststoffreißverschluss kannst du nun die Oberkante der restlichen Zacken mit einem Feuerzeug anschmelzen. So rutscht der Schieber nicht nach oben ab. Bei einem Metallreißverschluss schneidest du bis zur Markierung alle Zacken ab und ziehst die Stoffenden in die Naht rein, damit der Schieber nicht herausrutscht.

REISSVERSCHLUSS EINNÄHEN

Zum Einnähen eines Reißverschlusses verwendest du das Reißverschlussfüßchen deiner Nähmaschine, denn bei allen Reißverschlussarten ist es wichtig, ganz nah an der Zahnkante des Reißverschlusses zu nähen.

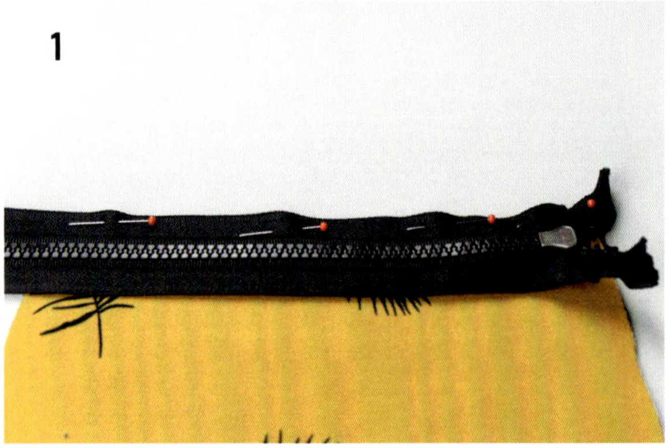

1. Nähe den Reißverschluss rechts auf rechts an die Stoffkante.

2. Nähe das zweite Stoffstück ebenfalls rechts auf rechts an die andere Reißverschlussseite.

3. Steppe beidseitig den Reißverschluss auf der rechten Stoffseite knappkantig ab.

PASPELBAND EINNÄHEN

Paspelbänder sind vorgefertigte Bänder mit integrierter Kordel. Sie setzen tolle Akzente und lassen eine einfache Naht zum Hingucker werden. Zum Nähen benötigst du ein Reißverschlussfüßchen.

1. Das Paspelband auf die rechte Stoffseite an die Kante stecken. Achte darauf, dass die Naht des Paspelbands auf die Linie trifft, wo die Nahtzugabe beginnt. Ist das Paspelband schmaler als die Nahtzugabe, muss es ggf. etwas eingerückt werden, damit genügend Nahtzugabe weggenäht wird. Damit nichts verrutscht, kann das Paspelband jetzt provisorisch aufgenäht werden.

2. Die zweite Stofflage rechts auf rechts auf das Paspelband stecken, bündig mit der Kante der unter en Stofflage, und alle Stofflagen zusammennähen.

3. Das Nähstück auf rechts wenden und die Nahtzugabe absteppen.

NÄHTE ABDICHTEN

Um eine Naht nach dem Nähen wasserdicht zu bekommen, muss sie abgedichtet werden. Dazu wird ein sogenanntes Nahtdichtband aufgebügelt. Diese Bänder sind auf einer Seite mit einem Kunststoff beschichtet, der sich durch Wärme verflüssigt und sich mit dem Gewebe verbindet.

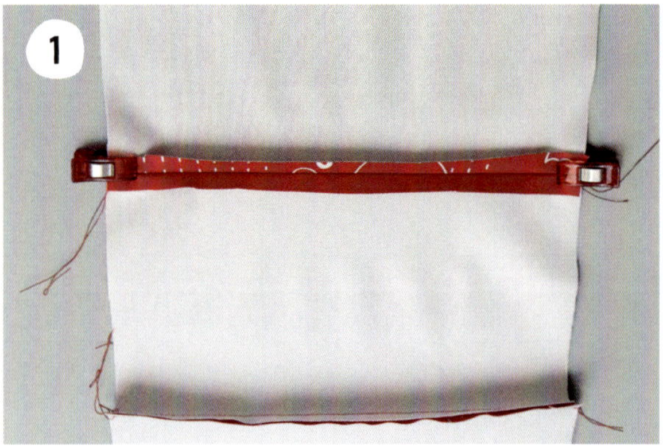

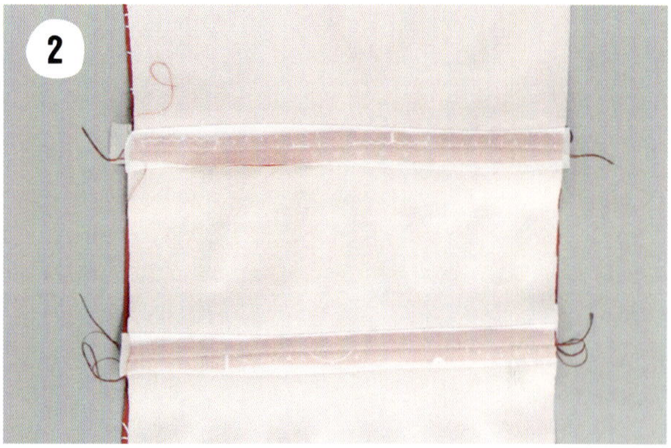

1. Die Nahtzugaben, wenn nötig, so zuschneiden, dass sie insgesamt um mindestens 1 cm schmaler sind als das Nahtdichtband. Die Nahtzugaben flach auseinanderbügeln.

2. Das Nahtband auf die gewünschte Länge zurechtschneiden und so auf die Nahtzugabe legen, dass es auf jeder Seite mindestens 5 mm übersteht. Ein Geschirrtuch o. Ä. darauflegen und das Band vorsichtig aufbügeln. Nach dem Bügeln das Band mit einem festen Gegenstand kräftig aufpressen, solange der Kleber noch flüssig ist.

DRUCKKNÖPFE ANBRINGEN

Ein Druckknopf besteht aus vier Teilen und wird an Kleidung, Taschen oder vielen anderen Gegenständen angebracht. Es gibt verschiedene Materialien und Formen. Verwende die Variozange oder eine spezielle Zange für die entsprechenden Druckknöpfe. Bei dünnen oder dehnbaren Materialien etwas Vlieseline unterlegen, damit der Stoff nicht ausreißt.

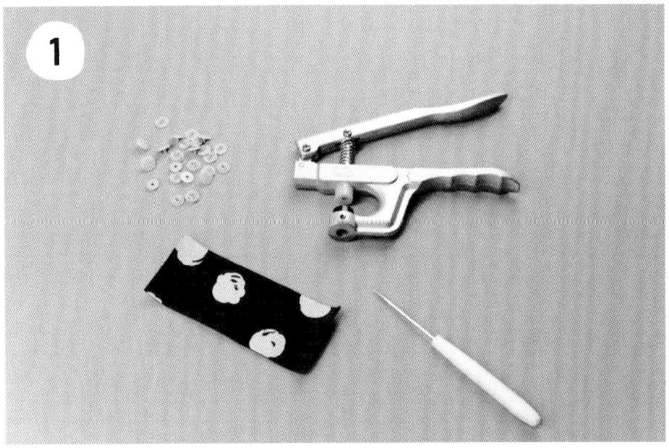

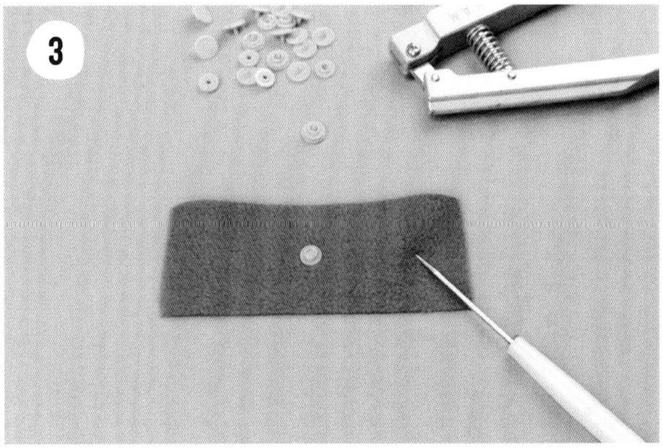

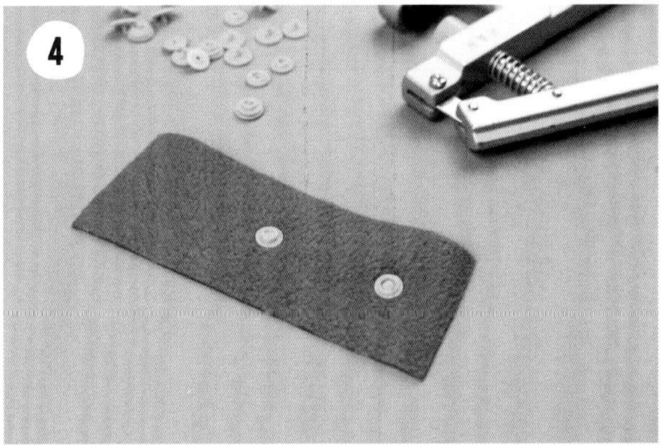

1. Stich zunächst mit einer Ahle oder einem anderen Werkzeug ein kleines Loch in den Stoff und setze die Kappe ein.

2. Presse danach den Sockel mit der Zange darauf.

3. Das Gegenstück wird genauso angebracht. Ich empfehle, erst den einen Teil des Druckknopfes anzubringen und dann die genaue Position des Gegenstücks zu bestimmen und wieder mit der Ahle vorzustechen.

4. Anschließend kann der Druckknopf dann einfach geschlossen werden.

EINKRÄUSELN

Stoff einzukräuseln bedeutet eigentlich nur, diesen zusammenzuraffen und damit in Wellen oder Falten zu legen. So kann man einem Schnitt ganz einfach mehr Volumen verleihen und schafft gleichzeitig ein schönes Detail.

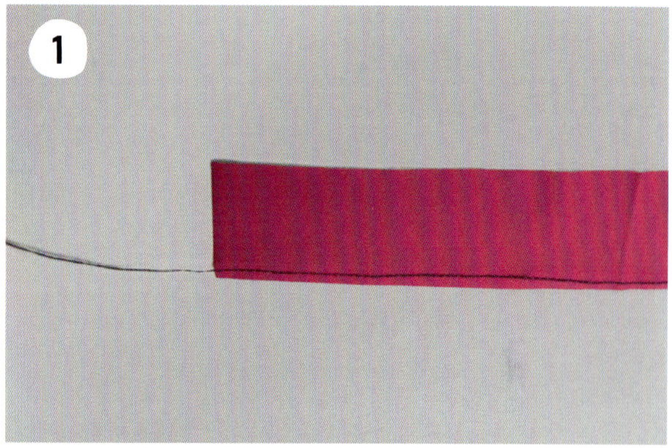

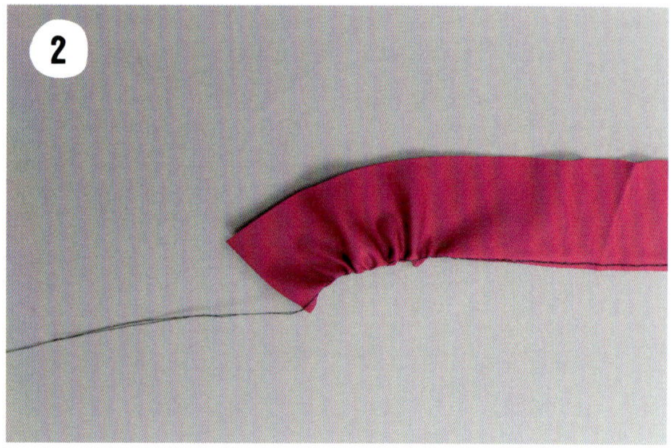

1. Einkräuseln kannst du mit der Haushaltsnähmaschine. Stelle die Fadenspannung ganz locker ein und wähle eine hohe Stichlänge. Nähe, am besten mit einem Kontrastfaden, knappkantig am Rand entlang. Lass den Faden am Anfang und Ende etwas länger.

2. Nun kannst du vorsichtig an einem Ende den Faden ziehen und so den Stoff auf die gewünschte Breite einkräuseln. Verteile die Kräusel gleichmäßig. Anschließend verknotest du die Fäden.

ÖSEN EINSCHLAGEN

Ösen anzubringen ist nicht schwer, es benötigt lediglich eine gute Verstärkung, um ein Ausreißen der Öse, gerade bei dehnbaren Stoffen, zu verhindern.

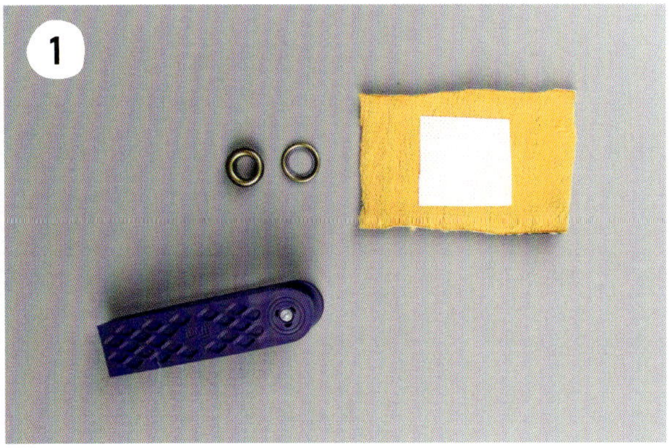

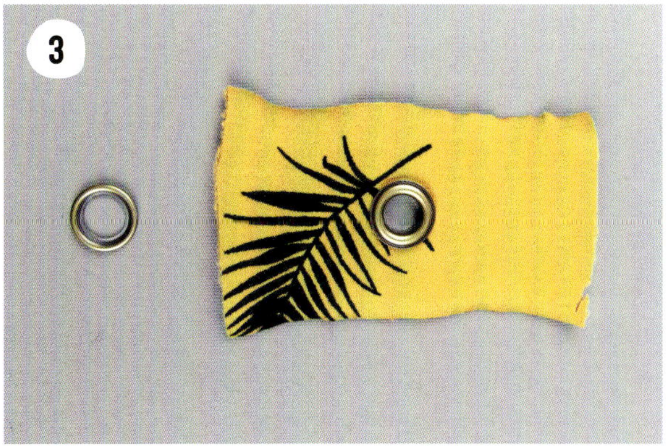

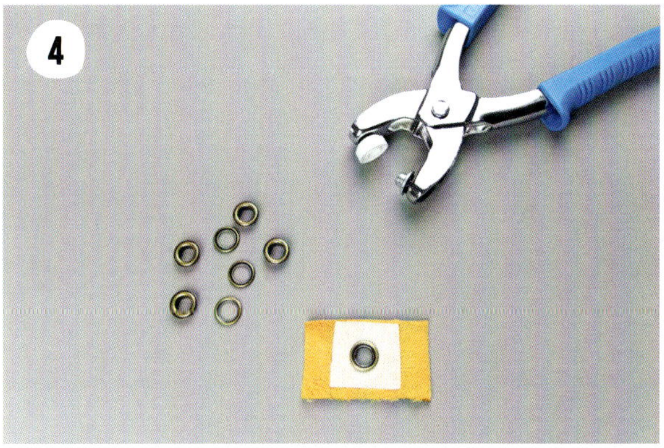

1. Zunächst die linke Stoffseite mit einem kleinen Stück Vlieseline verstärken.
2. Mit dem Stanzaufsatz ein Loch ausstanzen und dann die Öse einsetzen.
3. Den flachen Ring auf der Unterseite einsetzen.
4. Zum Schluss mit der Zange die Ösenteile fest zusammendrücken.

Größenauswahl

Zur Ermittlung der richtigen Kleidergröße orientierst du dich zunächst an der Körpergröße deines Kindes. Die Maße in der Tabelle sind Körpermaße in cm, also direkt auf dem Körper beziehungsweise der Unterwäsche gemessen, ohne Zugaben. Bei Oberteilen richtest du dich nach dem Brustumfang und für Hosen ist der Gesäßumfang das auschlaggebende Maß.

Körpermaße	92	98	104	110	116	122	128
Brustumfang	53,0 cm	54,5 cm	56,0 cm	57,5 cm	59,0 cm	62,0 cm	65,0 cm
Taillenumfang	51,0 cm	52,0 cm	53,0 cm	54,0 cm	55,0 cm	56,5 cm	58,0 cm
Gesäßumfang	55,0 cm	57,0 cm	59,0 cm	61,0 cm	63,0 cm	66,0 cm	69,0 cm
Innenbeinlänge	39,6 cm	42,6 cm	45,6 cm	48,6 cm	51,6 cm	54,6 cm	57,6 cm

Für Hüte, Kapuzen und Mützen benötigst du die Hutgröße. Diese entspricht einfach dem Kopfumfang des Kindes in cm.

BÜNDCHENMASSE BERECHNEN

Um die Länge des Bündchens zu berechnen, kannst du eine ganz einfache Formel nutzen. Verwendest du echte Bündchenware, nimmst du die gemessene Länge der Öffnung (z. B. am Halsausschnitt) mal 0,7. Verwendest du für das Bündchen Jersey oder Lycra, wird die Länge mal 0,8 gerechnet, da diese Stoffe nicht so stark dehnbar sind wie Bündchenstoff.

Beispiel:
gemessene Öffnung bzw. Strecke am Kleidungsstück
= 38 cm 38 cm × 0,7 = 26,6 cm.
Für die Nahtzugabe rundest du etwas auf, musst aber nicht ganze 2 cm dazurechnen, weil der Stoff ja dehnbar ist. Schneide in der Länge also rund 27 cm inklusive Nahtzugabe zu.

Vorbereitungen

STOFFE VORWASCHEN
Du solltest alle Stoffe, bevor du sie vernähst, zunächst einmal waschen. Zum einen befinden sich oft noch chemische Rückstände von der Produktion im Stoff, und außerdem laufen gerade Baumwollstoffe auch gern bei der ersten Wäsche etwas ein. Damit das Kleidungstück nach dem Waschen nicht zu klein ist, ist dieser Arbeitsschritt notwendig.

SCHNITTMUSTER
In der Anleitung befindet sich ein Hinweis, auf welchem Schnittmusterbogen sich die Schnittteile für dein Projekt befinden. Bündchen werden in der Regel rechteckig zugeschnitten und befinden sich nicht als separates Schnittteil auf den Bögen. Wie sich die Maße berechnen, findet du unter der Rubrik Größenauswahl auf Seite 28.

SCHNITTMUSTER ABPAUSEN
Damit du deinen Schnittmusterbogen immer wieder verwenden kannst, paust du das jeweilige Schnittteil in der benötigten Größe ab. Hierfür kannst du Schnittmusterpapier, Backpapier oder dünne Folien verwenden. Übertrage alle Markierungen auf dein abgepaustes Schnittmuster, damit du sie später auch auf den Stoff übertragen kannst. Belege werden noch zusätzlich an den eingezeichneten Linien abgepaust.

NAHTZUGABE
Wenn nichts anderes angegeben ist, enthalten alle Schnittteile bereits eine Nahtzugabe von 1 cm beziehungsweise eine Saumzugabe von 3 cm. Du musst nichts weiter hinzufügen. Arbeitest du mit optionalen Teilungslinien, musst du eine Nahtzugabe hinzufügen, da diese noch nicht eingezeichnet ist.

STOFFBREITE
Die Mengenangaben beziehen sich auf eine Standardstoffbreite von 140 cm.

ZUSCHNITT
Achte beim Zuschneiden immer auf die richtige Stoffseite und den Fadenlauf. Die rechte Stoffseite ist später außen zu sehen, und die linke Stoffseite liegt innen. Der Fadenlauf ist auf jedem Schnittteil eingezeichnet und führt immer entlang der Stofflänge. Das ist wichtig für die Dehnbarkeit eines Kleidungsstücks. In der Zuschnittliste werden folgende Anweisungen verwendet:

- 1 x zuschneiden: Das Teil wird nur einmal benötigt. Die rechte Stoffseite liegt oben.
- 2 x gegengleich zuschneiden: Der Stoff wird zusammengefaltet, sodass die linke Stoffseite innen liegt. Das Schnittmuster liegt etwas von der Faltkante entfernt. Du schneidest in einem Arbeitsschritt zwei Teile aus.
- 1 x im Stoffbruch zuschneiden: Du faltest deinen Stoff links auf links zusammen und legst das Schnittteil mit der mit Stoffbruch bezeichneten Kante genau an die Faltkante des Stoffs.

SCHWIERIGKEITSGRADE

 = für Anfänger geeignet

 = du brauchst etwas Übung

 = schwierig, aber nicht unlösbar

Endlich Sommer!

TIPP

Der Badeanzug wird grundsätzlich, bis auf das Schrittteil, einlagig gefertigt. Bei besonders hellen oder leicht durchsichtigen Stoffen kann man doppellagig oder mit Badefutter arbeiten.

Badeanzug

Bade-Lycra zu vernähen ist supereinfach. In diesem süßen Badeanzug mit optionalen Rüschen ist dein Kind für den Sommer perfekt ausgerüstet.

Material:

- 50 cm Bade-Lycra in Lila gemustert
- 20 cm Bade-Lycra in Pink
- 100 cm Framilon
- ggf. Badefutter, Rest

Zuschnitt:

AUS EINFARBIGEM BADE-LYCRA

- 1 x Halsrüsche (SB 1) im Stoffbruch
- 1 x Taillenrüsche (SB 1) im Stoffbruch

AUS GEMUSTERTEM BADE-LYCRA

- 1 x oberes Vorderteil (SB 1) im Stoffbruch
- 1 x unteres Vorderteil (SB 1) im Stoffbruch
- 1 x oberes Rückteil (SB 1) im Stoffbruch
- 1 x unteres Rückteil (SB 1) im Stoffbruch
- 2 x Schrittteil (SB 1) (oder 1 x aus gemustertem Lycra, 1 x aus Badefutter)

Für einen besseren Halt wird in alle Ausschnitte etwas Framilon eingenäht. Die Schnittmuster enthalten bereits eine Nahtzugabe von 1 cm und eine Saumzugabe von 3 cm. An der Teilungslinie muss die Nahtzugabe noch hinzugefügt werden.

Hinweis: Das Schrittteil des Badeanzugs wird doppellagig genäht. Hier kannst du zwei Lagen Lycra oder auch Badefutter verwenden.

So geht's

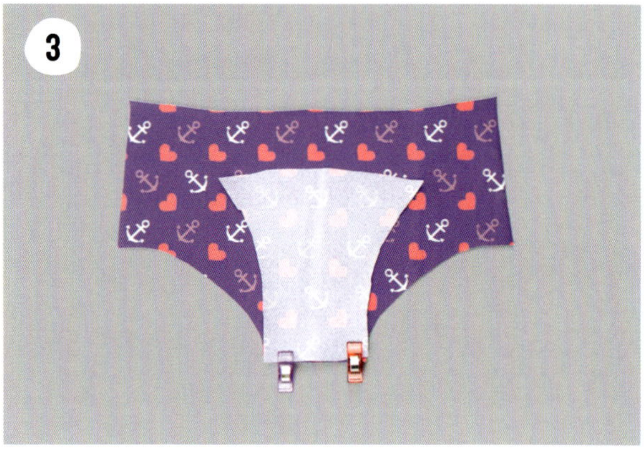

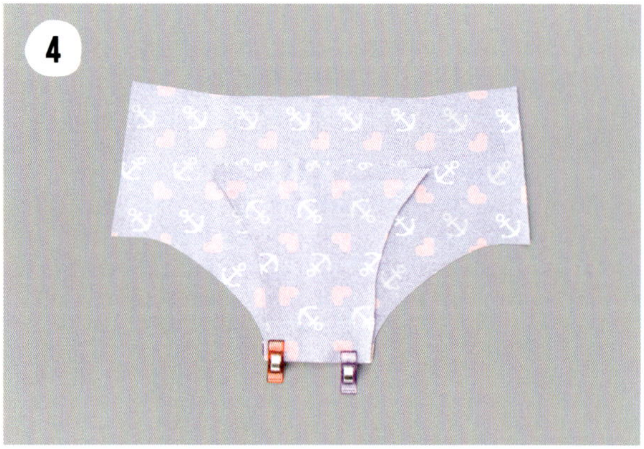

1. Die Halsrüsche auf die Länge des Halsausschnitts, die Taillenrüsche auf den Taillenumfang einkräuseln, wie auf Seite 26 beschrieben.

2. Oberes Vorder- und Rückteil rechts auf rechts an Schulter- und Seitennähten zusammennähen.

3. Das äußere Schrittteil rechts auf rechts auf das untere Vorderteil stecken.

4. Das Arbeitsstück wenden, das zweite Schrittteil rechts auf links stecken und alle drei Stofflagen an der Unterkante zusammennähen.

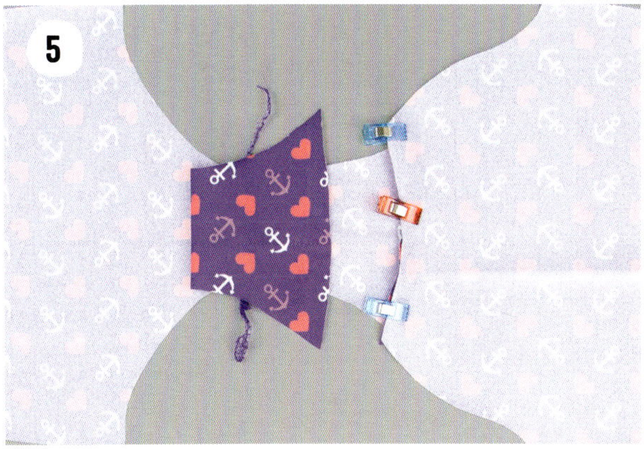

5. Die Schritteile nach unten klappen. Dann das untere Rückteil rechts auf rechts auf das unten liegende Schrittteil stecken.

6. Das oben liegende Schrittteil rechts auf links auf das untere Rückteil stecken, sodass wieder drei Lagen übereinanderliegen, und die Naht schließen.

7. Bein-, Arm- und Halsausschnitte versäubern und dabei einen Streifen Framilon leicht gedehnt auf der linken Stoffseite mit einnähen.

8. Das Unterteil rechts auf rechts falten, die Seitennähte stecken und schließen.

weiter geht's

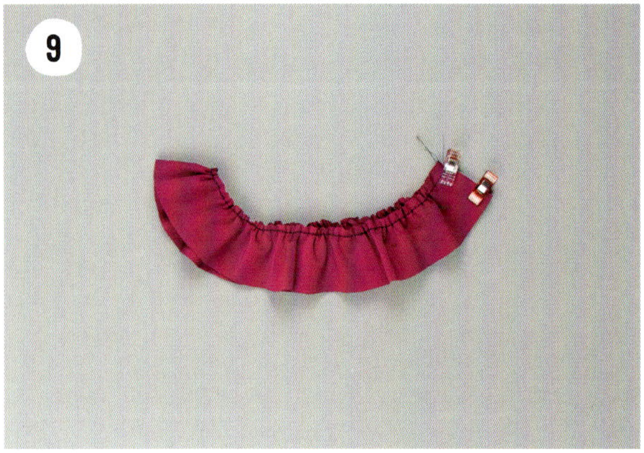

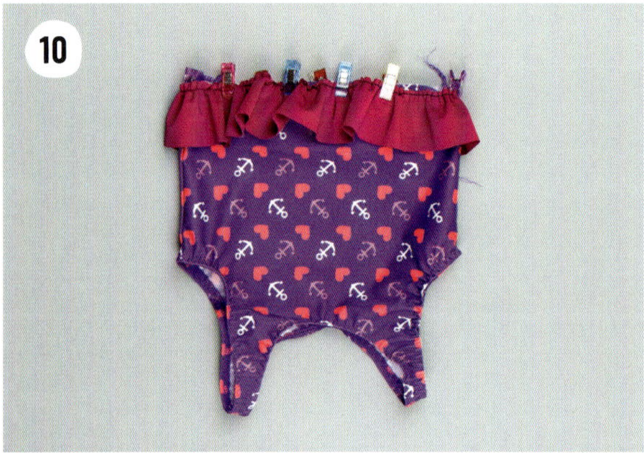

9. Die Taillenrüsche rechts auf rechts zu einem Ring schließen.
10. Die Rüsche rechts auf rechts an die Unterkante des Oberteils stecken. Die Rüschennaht sitzt auf der hinteren Mitte.
11. Das Unterteil rechts auf rechts darüberstecken und alle drei Lagen zusammennähen. Die Rüsche liegt zwischen Unter- und Oberteil.
12. Die Halsrüsche rechts auf rechts auf dem Halsausschnitt feststeppen und anschließend bei beiden Rüschen den Kräuselfaden entfernen.

TIPP

Kontrastfarben oder -muster für die seitlichen Einsätze sind ein schöner Blickfang.

Badeshirt

Ein kurz- oder langärmliges Badeshirt schützt zarte Kinderhaut vor zu viel Sonne und ist praktisch für ausgiebiges Spielen im und am Wasser.

Material:

- 50 cm Bade-Lycra in Blau
- 50 cm Bade-Lycra mit Fischmuster

Zuschnitt:

AUS GEMUSTERTEM BADE-LYCRA

- je 1 x Vorder- und Rückteil (SB 1) im Stoffbruch, ohne Seiteneinsätze

AUS EINFARBIGEM BADE-LYCRA

- je 2 x Seiteneinsatz (SB 1) gegengleich, aus Schnittteilen Vorder- und Rückteil kopieren
- 2 x Ärmel (SB 1) gegengleich
- 1 x Halsbündchen, 5 cm hoch, Länge berechnen nach Anleitung auf Seite 28

Die Schnittmuster enthalten bereits eine Nahtzugabe von 1 cm und eine Saumzugabe von 3 cm. An den Teilungslinien der Seiteneinsätze müssen noch Nahtzugaben hinzugefügt werden.

So geht's

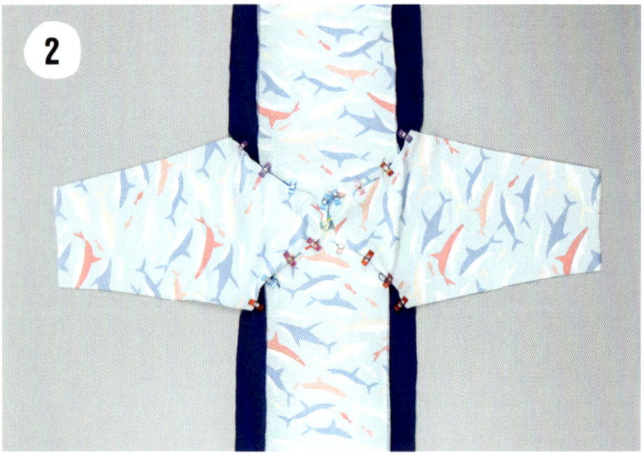

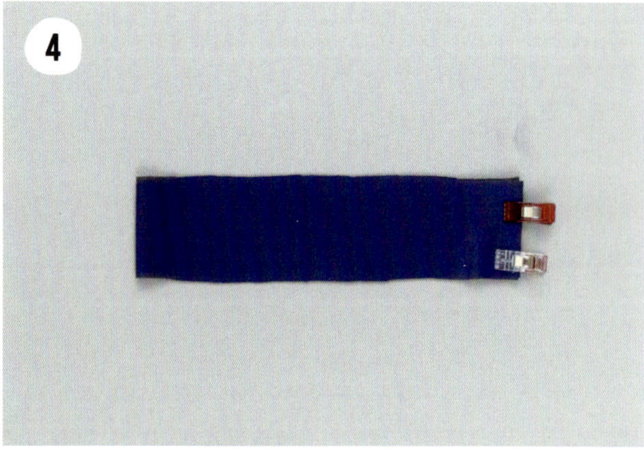

1. Die Seiteneinsätze an beiden Seiten rechts auf rechts an Vorder- und Rückteil nähen. Die Nahtzugabe jeweils von rechts absteppen (optional).

2. Beide Ärmel rechts auf rechts an Vorder- und Rückteil nähen.

3. Vorder- und Rückteil rechts auf rechts übereinanderlegen, Ärmel- und Seitennähte in einem Arbeitsgang schließen. Dabei die Schulternähte abpassen.

4. Den Halsbündchenstreifen zum Ring schließen. Dafür den Geradstich verwenden.

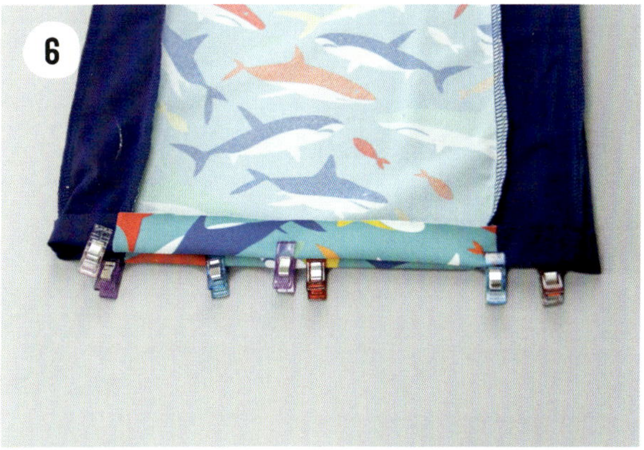

5. Das Halsbündchen längs in der Mitte links auf links falten und rechts auf rechts auf den Halsausschnitt nähen. Die Bündchennaht liegt in der hinteren Mitte.

6. Die Saumzugabe an Ärmeln und Bund jeweils um 2 cm auf die linke Seite einschlagen und absteppen.

TIPP

Die breiten Gummibänder für Unterwäsche und Badekleidung gibt es in vielen verschiedenen Farben und Mustern.

Badehose

Badehosen mit bunten Motiven sind schnell genäht, auch noch kurz vor dem Urlaub. Es reichen dafür Lycra-Reststücke, und in jedes Gepäck passen sie sowieso.

Material:

- 50 cm Bade-Lycra in Blau
- 30 cm Bade-Lycra mit Fischmuster
- 50 cm Gummiband, bunt, ca. 3–4 cm breit

Zuschnitt:

AUS EINFARBIGEM BADE-LYCRA

- 2 x Vorderteil (SB 1) gegengleich
- 2 x Rückteil (SB 1) gegengleich

AUS GEMUSTERTEM BADE-LYCRA

- 2 x Seitenteil (SB 1) gegengleich

GUMMIBAND

- 1 x in Länge des Hüftumfangs des Kinds x 0,8–0,9, je nach Elastizität des Gummis

Die Schnittmuster enthalten bereits eine Nahtzugabe von 1 cm und eine Saumzugabe von 3 cm.

So geht's

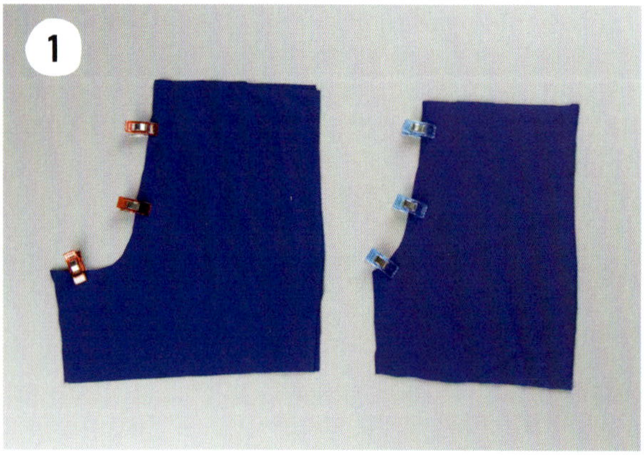

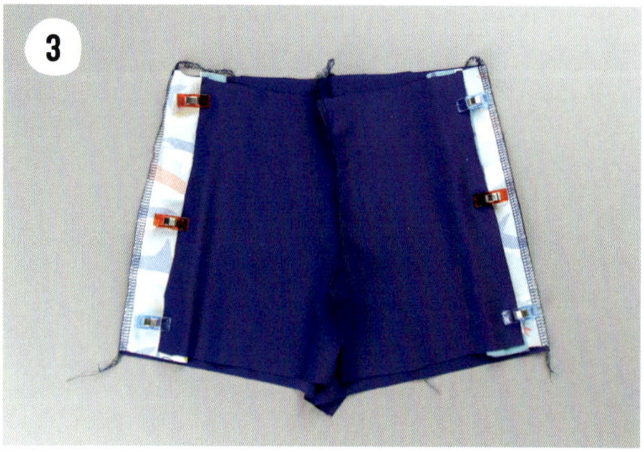

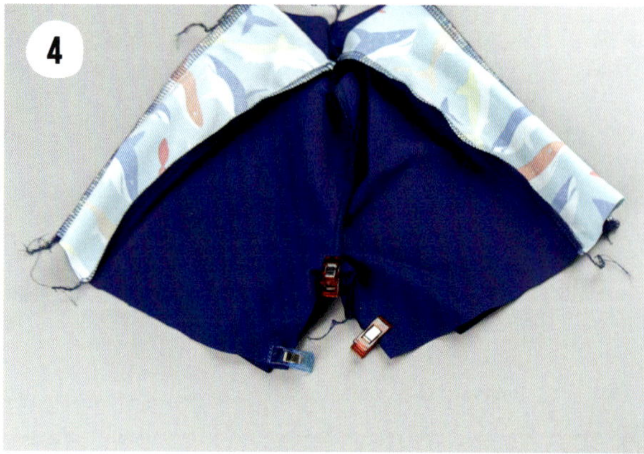

1. Bei Vorder- und Hinterhose jeweils beide Hälften rechts auf rechts legen und vordere Mittelnaht und Gesäßnaht schließen.

2. Die Seitenteile rechts auf rechts an die Hinterhose nähen.

3. Die Vorderhose rechts auf rechts an die Seitenteile nähen.

4. Die Beininnennaht schließen, dabei Gesäßnaht und vordere Mittelnaht abpassen.

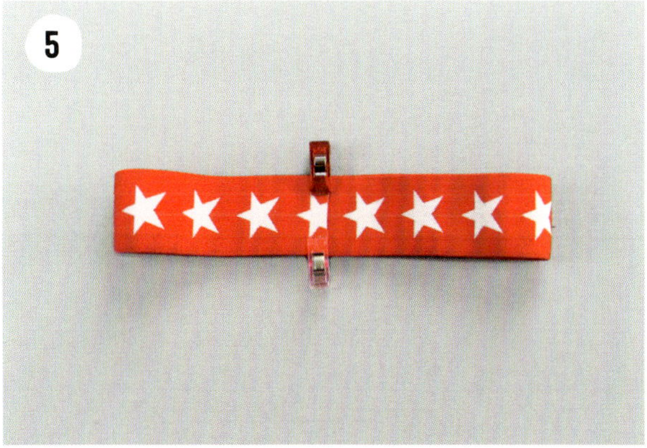

5. Das Gummiband leicht überlappend aufeinanderlegen und mit einem ganz engen Zickzackstich zusammennähen. Überstehende Gummienden vorsichtig abschneiden.

6. Das Gummi leicht gedehnt links auf rechts an der Hose annähen. Überstehenden Stoff auf der Innenseite vorsichtig abschneiden.

Badeponcho

Ein Badeponcho ist schnell übergeworfen und hält schön warm, wenn man aus dem kalten Wasser kommt.

Material:

- 100 cm Frottee, gemustert
- 200 cm Schrägband in Hellblau

Zuschnitt:

AUS FROTTEE

- 2 x Vorder- und Rückteil (SB 1) im Stoffbruch (1 x vorderes Halsloch, 1 x hinteres Halsloch)
- 2 x Kapuze (SB 1) gegengleich

Die Schnittmuster enthalten bereits eine Nahtzugabe von 1 cm.

TIPP

Die Kanten können entweder eingefasst oder gesäumt werden.

So geht's

1. Vorder- und Rückteil rechts auf rechts legen und die Schulternähte schließen.
2. Die beiden Kapuzenteile rechts auf rechts stecken und die obere/hintere Naht schließen.
3. Die Kapuzenöffnung und die Außenkante des Ponchoteils mit Schrägband einfassen, wie auf Seite 20 beschrieben.
4. Die Kapuze rechts auf rechts in das Halsloch stecken. Die Kapuzenenden leicht überlappen lassen und alles ringsherum zusammennähen.

No rain,
no rainbow!

Regenhut

Mit dieser Kopfbedeckung kann auch ein Regentag kleinen Rabauken nichts anhaben. Die große Krempe schützt vor Wasser im Nacken.

Material:

Als Material eignet sich hier am besten beschichteter Regenkleidungsstoff. Dieser ist nicht nur wasserdicht, sondern auch atmungsaktiv und leicht dehnbar.

- 50 cm Regenkleidungsstoff in Blau gemustert
- 20 cm Regenkleidungsstoff in Blau
- 50 cm Baumwoll-Webstoff
- evtl. Nahtband

Zuschnitt:

AUS EINFARBIGEM REGENKLEIDUNGSSTOFF

- 6 x Hutteil (SB 2)

AUS GEMUSTERTEM REGENKLEIDUNGSSTOFF

- 1 x Krempe (SB 2) im Stoffbruch

AUS BAUMWOLL-WEBSTOFF (FUTTERSTOFF)

- 6 x Hutteil (SB 2)
- 1 x Krempe (SB 2) im Stoffbruch

Die Schnittmuster enthalten bereits eine Nahtzugabe von 1 cm.

TIPP

Damit der Hut richtig wetterfest ist, kannst du die Nähte mit Nahtband abdichten.

So geht's

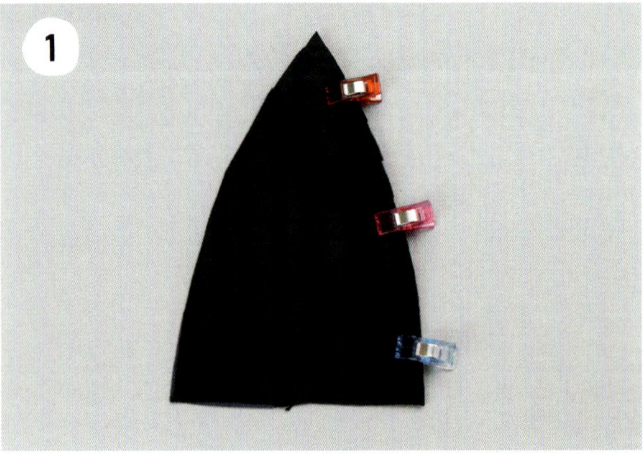

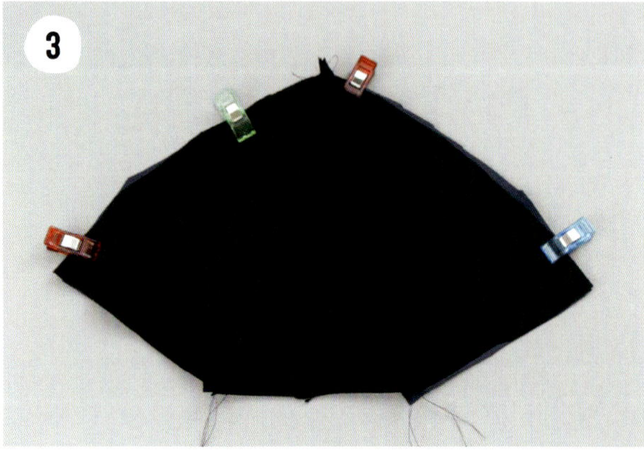

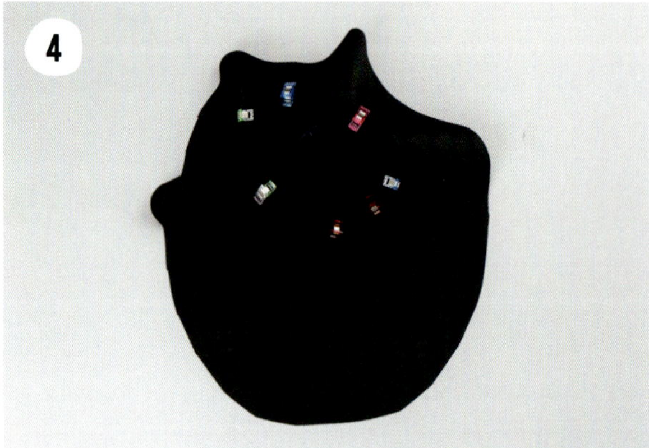

1. Zwei Hutteile aus einfarbigem Regenkleidungsstoff rechts auf rechts zusammennähen, dabei die Naht nahtzugabenbreit unter der Spitze beginnen.

2. Ein drittes Hutteil an einer der freien Kanten annähen. Die restlichen drei Hutteile aus Regenkleidungsstoff ebenso aneinandernähen, sodass zwei Huthälften entstehen.

3. Die beiden Huthälften rechts auf rechts zusammennähen, sodass der Hut geschlossen wird.

4. Die Krempe aus gemustertem Regenbekleidungsstoff rechts auf rechts an das Hutteil nähen. Vordere und hintere Mitte der Krempe jeweils mit einer Naht des Hutteils abpassen.

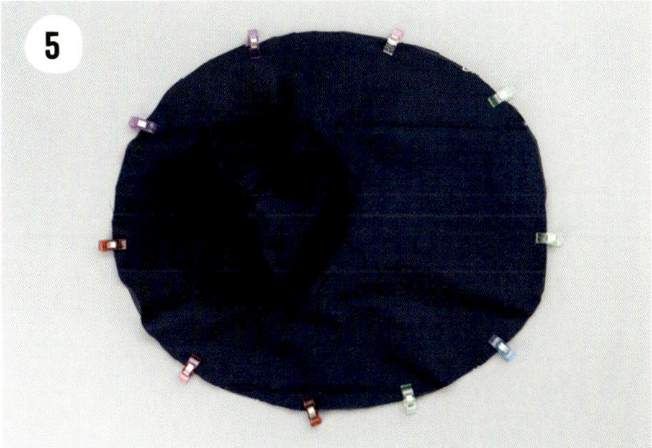

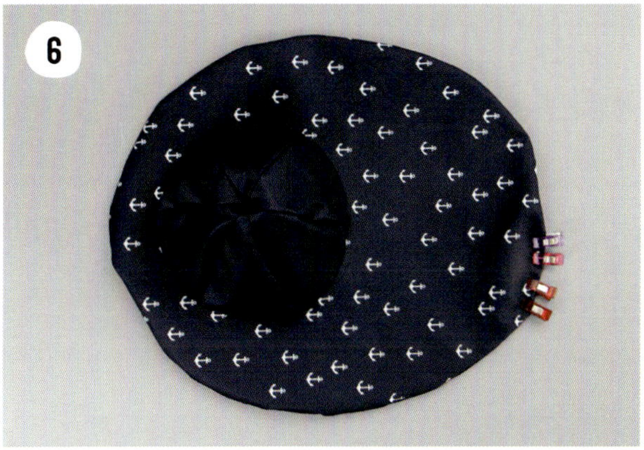

5. Den Futterstoff auf die gleiche Weise zusammennähen und rechts auf rechts auf das Hutteil aus Regenbekleidungsstoff stecken. An der Krempe zusammennähen und dabei eine Wendeöffnung lassen.

6. Den Hut auf rechts wenden. Die Nahtzugabe absteppen und dabei gleichzeitig die Wendeöffnung schließen.

Regenhose

Eine Hose aus Softshell ist schnell genäht und lässt sich leicht anziehen. Sie hält schön warm und schützt vor nassen Beinen.

Material:

- 70 cm Softshell, gemustert
- 40 cm Softshell in Rot
- 1 Reißverschluss, nicht teilbar
  Größe 98–104: 14 cm lang
  Größe 110–128: 16 cm lang
- 1 Druckknopf
- 2 Kordelstopper
- 50 cm Gummikordel
- 2 Knöpfe
- 4 Ösen, 4 mm Ø
- 50 cm Knopflochgummi
- evtl. Nahtdichtband

Zuschnitt:

AUS GEMUSTERTEM SOFTSHELL

- 2 x oberes Vorderteil (SB 2) gegengleich
- 2 x unteres Vorderteil (SB 4) gegengleich
- 1 x Sattel (SB 2) im Stoffbruch
- 2 x unteres Rückteil (SB 2) gegengleich
- 2 x Bund (SB 2) im Stoffbruch, beachte rechte und linke Vorderhose

AUS EINFARBIGEM SOFTSHELL

- 2 x Knieeinsatz (SB 2) gegengleich
- 2 x oberes Rückteil (SB 2) gegengleich

Die Schnittmuster enthalten bereits eine Nahtzugabe von 1 cm und eine Saumzugabe von 3 cm. An der Teilungslinie des Rückteils muss die Nahtzugabe noch hinzugefügt werden.

TIPP

Die Nähte können jeweils nach den einzelnen Schritten mit Nahtband abgedichtet werden, damit die Hose richtig wasserdicht wird.

So geht's

1

2

3

4

1. Die beiden oberen Vorderteile am Übertritt für den Reißverschluss bis zur inneren Beinnaht versäubern.

2. Die Position des Reißverschlusses einzeichnen und die Rundungen zwischen den Markierungen links auf links zusammennähen.

3. Den Reißverschluss an der vorderen Kante anlegen und nur auf der rechten Seite festnähen.

4. Den Übertritt auf links einschlagen und feststecken. Das Nähstück wenden.

5

6

7

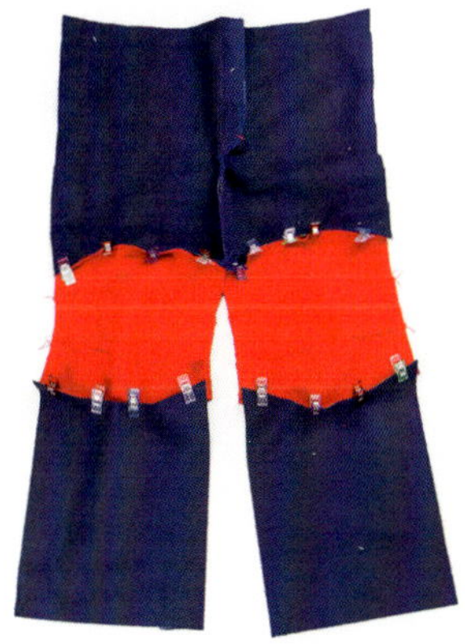

8

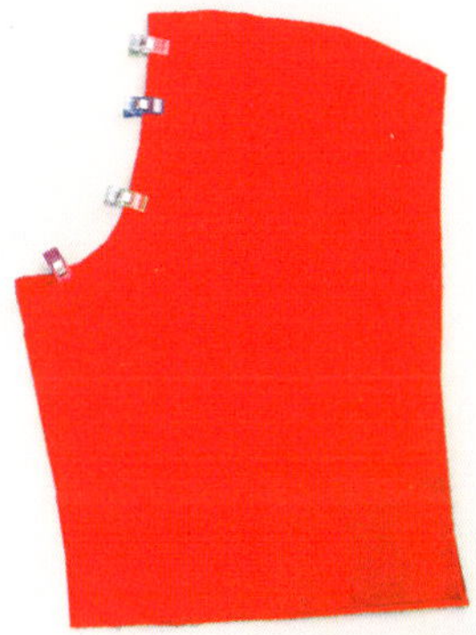

5. Den Untertritt wegklappen. Den Übertritt mit dem Reißverschluss durchsteppen und mit einer Rundung an der vorderen Mittelnaht enden.

6. Die Abnäher der Knieeinsätze jeweils rechts auf rechts stecken und zusammennähen. Wenden und von rechts knappkantig absteppen.

7. Die Knieeinsätze rechts auf rechts an das obere und das untere Vorderteil nähen.

8. Die beiden Hälften des oberen Rückteils rechts auf rechts stecken. Die Gesäßnaht schließen.

weiter geht's

9

11

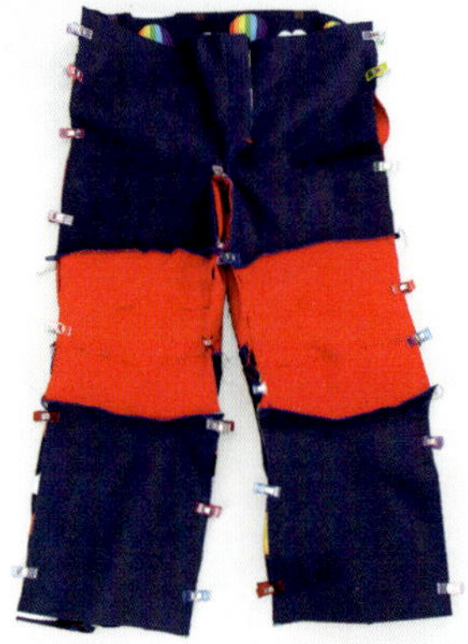

10

12

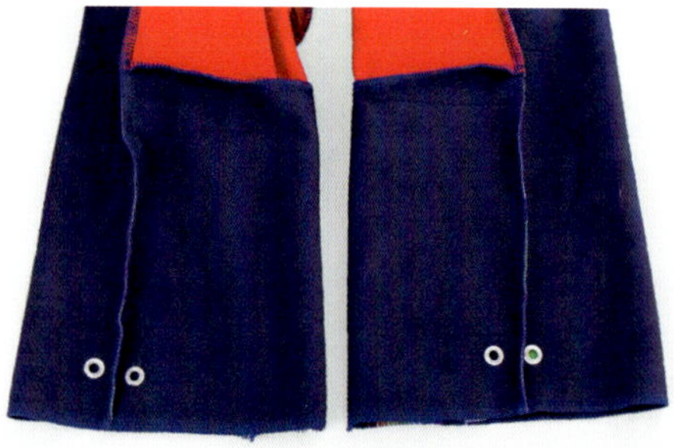

9. Das obere Rückteil rechts auf rechts mit der Oberkante an den Sattel und mit den Unterkanten an die unteren Rückteile nähen.

10. Die Nahtzugaben von rechts absteppen.

11. Vorder- und Hinterteil rechts auf rechts stecken. Seitennähte und Beininnennaht schließen.

12. Die Ösen 4 cm oberhalb des Beinabschlusses rechts und links neben der Seitennaht einschlagen.

13. Den Saum 3cm auf links einschlagen und feststecken.

14. Gummikordeln in der gleichen Länge wie der Saumumfang der Hosenbeine in die Kordelstopper einfädeln.

15. Die Gummikordel durch die Ösen einfädeln. Die Enden verknoten oder vernähen und alles in die Saumzugabe legen. Den Saum absteppen.

16. Einen der beiden Bundstreifen an der unteren Kante versäubern und an den Markierungen für die Seitennähte im unteren Drittel je ein Knopfloch einnähen.

weiter geht's

17

19

18

20

17. Die Knopflöcher einschneiden.

18. Das Bundteil ohne Knopflöcher rechts auf rechts an die obere Hosenkante nähen (beachte rechte und linke Vorderhose). Je 1 cm Nahtzugabe an Anfang und Ende überstehen lassen. Den Bund nach oben klappen.

19. Das zweite Bundteil rechts auf rechts an den ersten Streifen nähen. Die Nahtzugabe am Anfang und Ende auch zusammennähen.

20. Den Bund wenden und von rechts an der oberen und unteren Kante sowie am Anfang und Ende absteppen.

21

22

21. Den Druckknopf an der Vorderkante des Hosenbunds anbringen.

22. Die Knöpfe jeweils direkt neben dem Knopfloch am Hosenbund annähen und das Knopflochgummi einziehen.

TIPP

Die Nähte können jeweils nach den einzelnen Schritten mit Nahtband abgedichtet werden, damit die Jacke auch richtig wasserdicht wird.

Regenjacke

Eine Regenjacke mit Windfang durch verdeckte Ärmelbündchen bietet optimalen Wetterschutz im Frühjahr und Herbst.

Material:

- 100 cm Softshell gemustert
- 20 cm Softshell einfarbig
- Cuff-Me-Bündchen
- 1 Reißverschluss, beschichtet

Größe	92	98	104	110	116	122	128
Länge	39 cm	41 cm	43 cm	46 cm	48 cm	50 cm	52 cm

- 15 cm Bündchenstoff
- evtl. Nahtdichtband

Zuschnitt:

AUS GEMUSTERTEM SOFTSHELL

- 2 x Vorderteil (SB 3) gegengleich
- 1 x Rückteil (SB 2) im Stoffbruch
- 2 x Ärmel (SB 2) gegengleich
- 2 x Kapuze (SB 2) gegengleich
- 2 x runder Taschenbeutel (SB 3) gegengleich, aus Schnittteil Vorderteil kopieren
- 2 x Kapuzenbeleg (SB 2) gegengleich, aus Schnittteil Kapuze kopieren
- 2 x Reißverschlussbeleg (SB 3) gegengleich, aus Schnittteil Vorderteil kopieren
- 1 x Saumbeleg (SB 3), aus Schnittteilen Vorder- und Rückteil kopieren und zusammensetzen

AUS EINFARBIGEM SOFTSHELL

- 2 x Tascheneinsatz mit Eingriff (SB 3) gegengleich, aus Schnittteil Vorderteil kopieren

AUS BÜNDCHENSTOFF:

- 2 x Bündchenstreifen für Tascheneinsatz, 2–2,5 cm breit, Länge = Umfang der Taschenöffnung x 0,7
- 2 x Ärmelbündchen (SB 2)

Die Schnittmuster etnhalten bereits eine Nahtzugabe von 1 cm und eine Saumzugabe von 3 cm. An den Teilungslinien muss die Nahtzugabe noch hinzugefügt werden.

So geht's

1

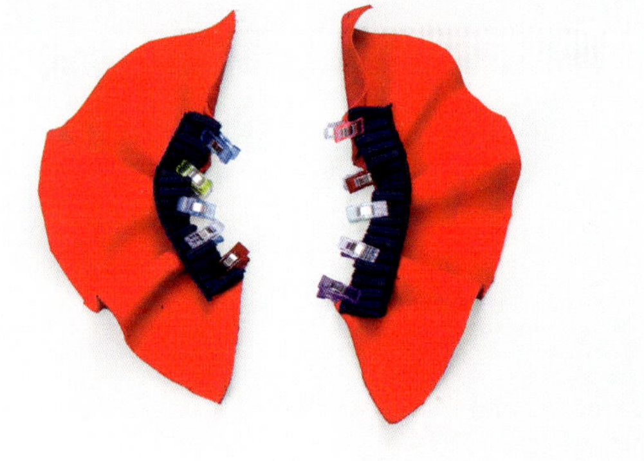

2

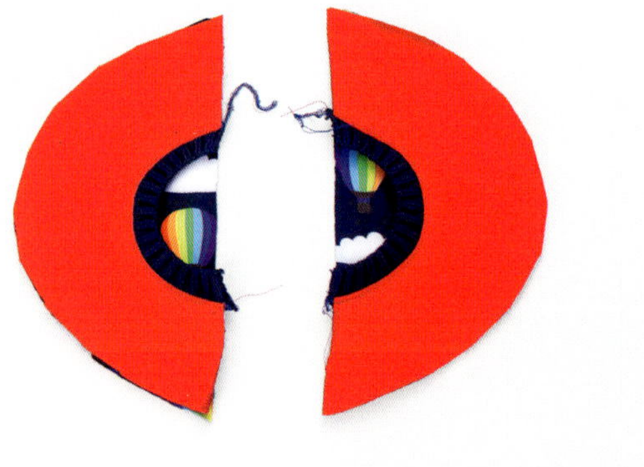

3

4

1. Die schmalen Bündchenstreifen jeweils rechts auf rechts an den Tascheneinsatz nähen.
2. Die Nahtzugabe von rechts absteppen. Den Taschenbeutel unterlegen und die Außenkanten aufeinanderstecken.
3. Die Tascheneinsätze samt Taschenbeuteln rechts auf rechts an den Vorderteilen annähen. Die Nahtzugabe von rechts absteppen.
4. Vorder- und Hinterteil rechts auf rechts an den Schulternähten zusammennähen.

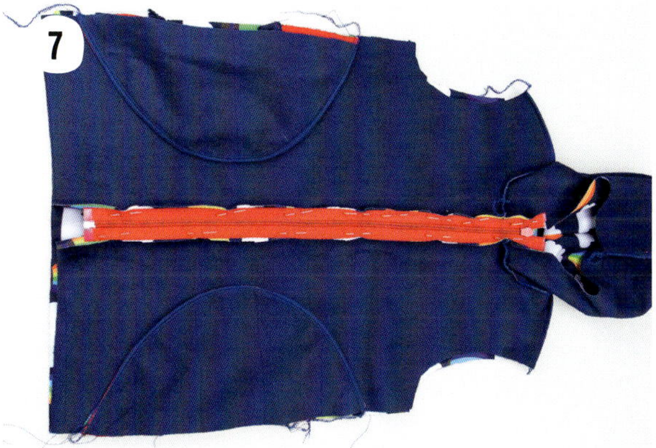

5. Die beiden Kapuzenhälften rechts auf rechts aufeinanderlegen und die obere/hintere Kapuzennaht schließen.

6. Die Kapuze rechts auf rechts an den Halsausschnitt nähen.

7. Den Reißverschluss in das Vorderteil einnähen. Der Schieber liegt 1 cm unterhalb des Kapuzenausschnitts.

8. Die Ärmel rechts auf rechts an die Armausschnitte nähen.

weiter geht's

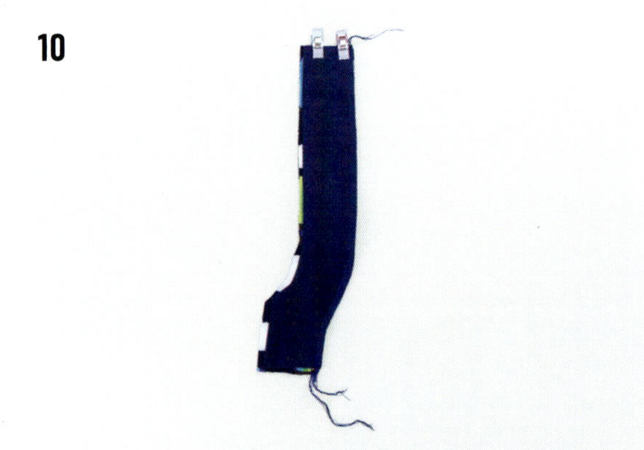

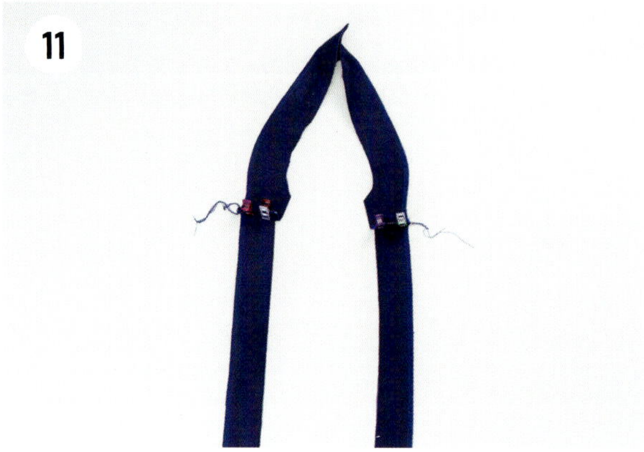

9. Das Nähstück rechts auf rechts falten. Ärmel- und Seitennähte in einem Zug schließen.

10. Alle Belegteile an denjenigen Kanten, die später sichtbar sind, versäubern. Den Kapuzenbeleg rechts auf rechts an der Mittelnaht zusammennähen.

11. Den Kapuzenbeleg rechts auf rechts an die Reißverschlussbelege nähen.

12. Den Beleg rechts auf rechts auf Vorderteil und Kapuze legen und annähen. Dabei die Kapuzenansatznähte bei Jacke und Beleg abpassen.

13. Den Saumbeleg im rechten Winkel rechts auf rechts an das untere Ende des Reißverschlussbelegs nähen.

14. Den Saumbeleg rechts auf rechts an die Jacke nähen.

15. Den Saum umschlagen und von rechts alle Belege absteppen.

16. Die Ärmelbündchen rechts auf rechts zum Ring zusammennähen. Dann in der Höhe links auf links zusammenfalten, sodass ein Konus entsteht.

weiter geht's

17. Die Ärmelbündchen kantenbündig rechts auf rechts an den Ärmeln annähen. Dabei die Bündchennähte genau mit den Ärmelnähten abpassen.

18. Den Ärmelsaum einschlagen und dabei das Bündchen nach innen schieben. Absteppen.

Freizeitspaß

TIPP

Die Hose kann mit und ohne Knieeinsätze genäht werden.

Matschhose

Wasserdichte und robuste Matschhosen braucht jedes Kind, denn nichts macht mehr Spaß als in Pfützen zu springen.

Material:

- 100 cm Regenkleidungsstoff in Rot gemustert
- kleiner Rest Regenkleidungsstoff in Rot
- 2 Steckschnallen
- 120 cm Gummiband, 2 cm breit
- 2 Druckknöpfe
- Nahtdichtband

Zuschnitt:

AUS GEMUSTERTEM REGENKLEIDUNGSSTOFF

- 2 x oberes Vorderteil (SB 3) gegengleich
- 2 x unteres Vorderteil (SB 3) gegengleich
- 2 x oberes Rückteil (SB 3) gegengleich
- 2 x unteres Rückteil (SB 3) gegengleich

AUS EINFARBIGEM REGENKLEIDUNGSSTOFF

- 2 x Knieeinsatz Vorderteil (SB 3) gegengleich
- 2 x Knieeinsatz Rückteil (SB 3) gegengleich
- 2 Streifen, je 6 x 6 cm für die Steckschnallen
- 1 x Beleg (SB 3) im Stoffbruch, aus Schnittteil oberes Vorderteil kopieren
- 1 x Beleg (SB 3) im Stoffbruch, aus Schnittteil oberes Rückteil kopieren
- 1 x Brusttasche (SB 3)

AUS GUMMIBAND

- 2 x Gummiband, 20–25 cm für die Träger
- 2 x Gummiband, 20 cm für die Füße
- 2 x Gummiband, 20 cm für den Saum der Hosenbeine

Die Schnittmuster enthalten bereits eine Nahtzugabe von 1 cm und eine Saumzugabe von 3 cm. An den Teilungslinien muss die Nahtzugabe noch hinzugefügt werden.

Hinweis: Die Nähte werden jeweils nach den einzelnen Schritten mit Nahtband abgedichtet. Die Gummibänder können in der Länge individuell angepasst werden.

So geht's

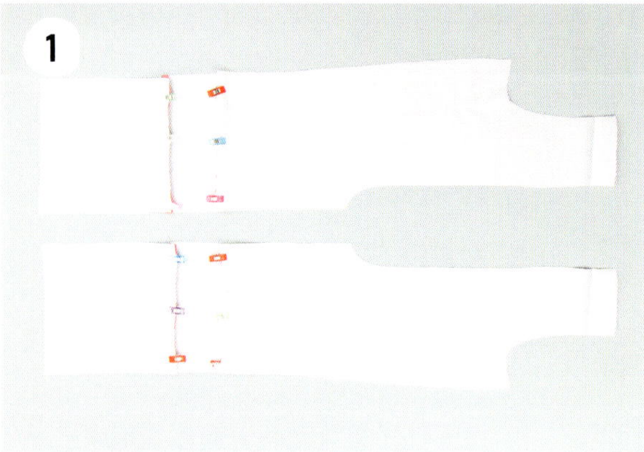

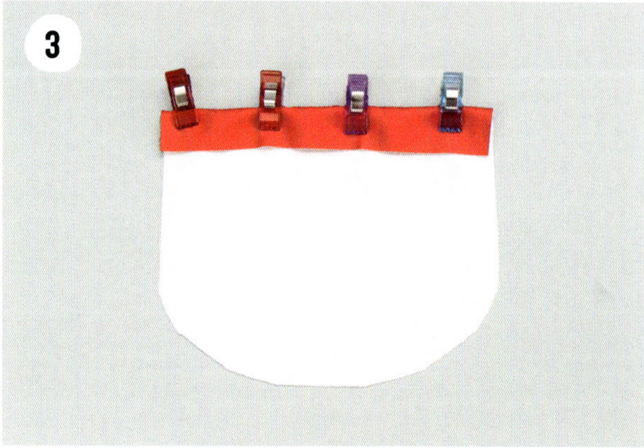

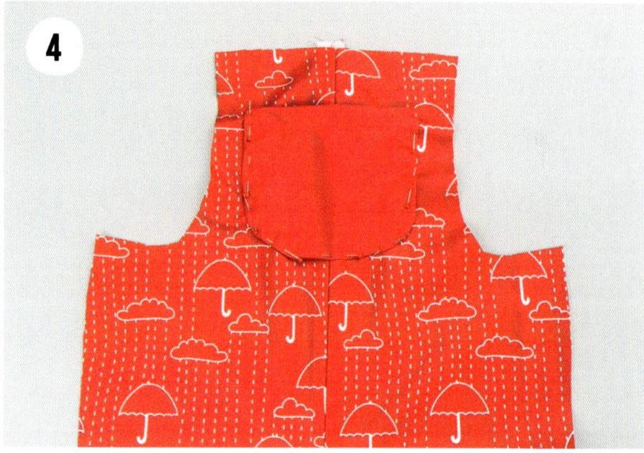

1. Die Knieeinsätze jeweils rechts auf rechts zwischen oberes und unteres Vorderteil nähen. Bei den Rückteilen genauso verfahren.

2. Die beiden Vorderteile rechts auf rechts legen und die vordere Mittelnaht von oben bis zum Schritt schließen. Beim Rückteil wieder genauso vorgehen.

3. Die Brusttasche vorbereiten: Die obere Kante 1 cm nach links einschlagen und absteppen.

4. Die Nahtzugabe der Tasche einschlagen und die Tasche entlang ihrer Rundung auf dem Vorderteil aufnähen.

5. Vorder- und Rückteil rechts auf rechts stecken. Die Seitennähte sowie die Beininnennaht schließen.

6. Die beiden Streifen, an denen die Steckschnallen befestigt werden, an beiden Längskanten um je 1 cm Nahtzugabe einschlagen, dann die Streifen mittig falten und absteppen.

7. Die Streifen durch den Verschluss der Schnallen ziehen. Der Riegel wird später am Gummiband angenäht.

8. Die Streifen mit den Schnallen, nach unten zeigend, an der Oberkante des Vorderteils platzieren, und zwar jeweils 1 cm von der rechten bzw. linken Seitenkante entfernt.

weiter geht's

9

10
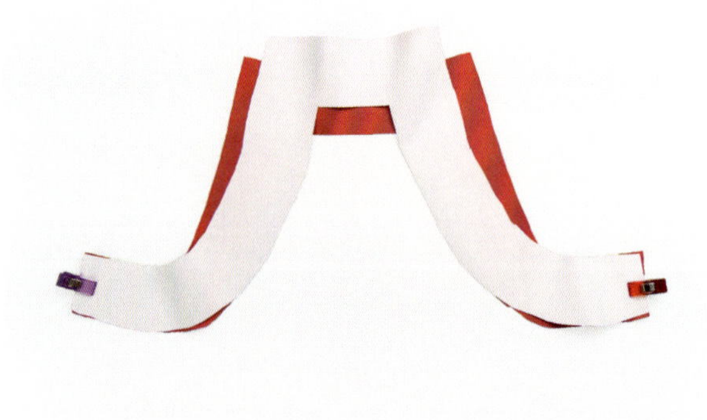

11
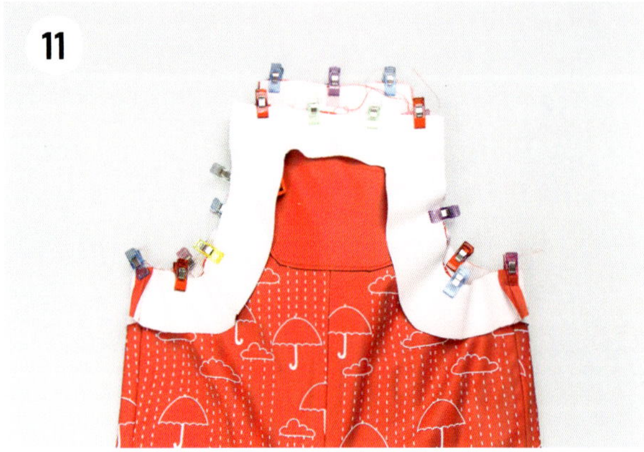

12

9. Die Gummibänder, ebenfalls nach unten zeigend, an der entsprechenden Position auf dem Rückteil platzieren.

10. Den vorderen und hinteren Beleg rechts auf rechts an den beiden schmalen Kanten zusammennähen.

11. Den Beleg rechts auf rechts an die obere Kante des Vorder- und Rückteils der Hose nähen.

12. Den Beleg nach innen legen und knappkantig absteppen.

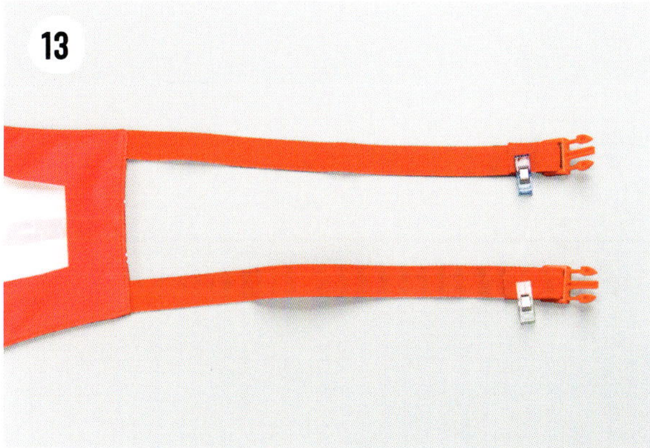

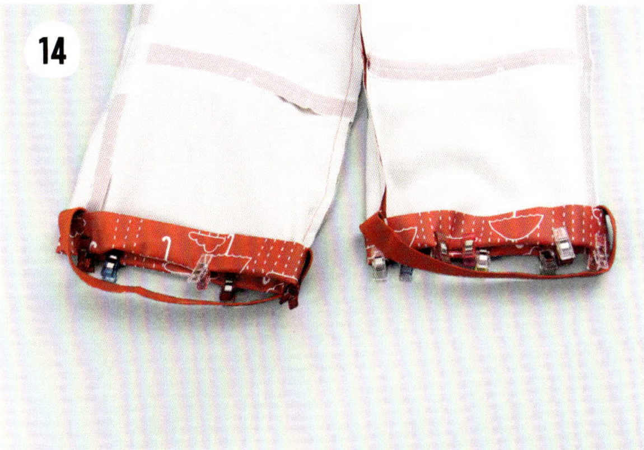

13. Die Gummibänder durch die Riegel fädeln, die Enden umschlagen und annähen.

14. Den Saum der Hosenbeine auf die linke Stoffseite einschlagen. Das Fußgummi in die Naht rechts und links einstecken und den Saum absteppen. Dabei eine kleine Öffnung von ca. 2 cm lassen.

15. Das Gummiband für den Saum mit einer Sicherheitsnadel einziehen und zusammennähen. Die Öffnung durch Absteppen schließen.

16. Die beiden Hälften der Druckknöpfe oben an der markierten Position rechts und links der Seitennähte anbringen, sodass man später die Seiten der Hose per Druckknopf enger klipsen kann.

Softshelljacke

Nähe deinem Kind die perfekt sitzende Softshelljacke für die kühl-feuchten Tage mit abnehmbarer Kapuze und seitlichen Taschen.

Material:

- 100 cm Softshell in Blau gepunktet
- 50 cm Jersey in Rot-Weiß gestreift
- 40 cm Bündchenstoff oder Jersey in Rot
- 1 Reißverschluss

Größe	92	98	104	110	116	122	128
Länge	39 cm	41 cm	43 cm	46 cm	48 cm	50 cm	52 cm

- 4 Druckknöpfe

Zuschnitt:

AUS GEPUNKTETEM SOFTSHELL

- 2 x Vorderteil (SB 3) gegengleich
- 1 x Rückteil (SB 2) im Stoffbruch
- 2 x Ärmel (SB 2) gegengleich
- 2 x Kapuze (SB 2) gegengleich
- 1 x Kragen (SB 3) im Stoffbruch
- 2 x Reißverschlussbeleg (SB 3) gegengleich, aus Schnittteil Vorderteil kopieren
- 2 x Taschenklappe (SB 3)

AUS GESTREIFTEM JERSEY (FUTTERSTOFF)

- 2 x Kapuze (SB 2) gegengleich
- 2 x Taschenbeutel (SB 3)
- 1 x Kragen im Stoffbruch (SB 3)

AUS ROTEM BÜNDCHENSTOFF ODER JERSEY

- 2 x Ärmelbündchen im Stoffbruch (SB 2)

Die Schnittmuster enthalten bereits eine Nahtzugabe von 1 cm und eine Saumzugabe von 3 cm.

So geht's

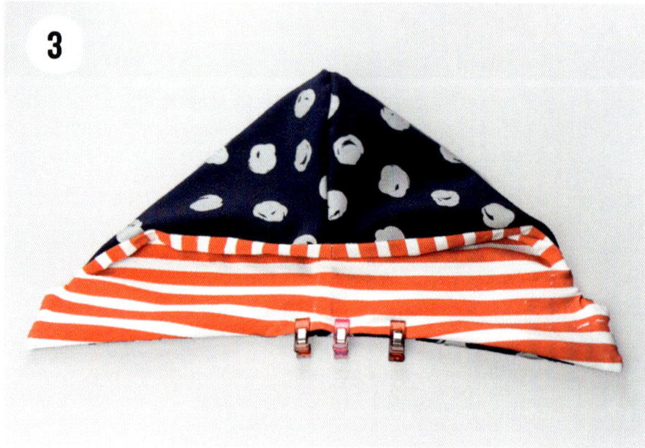

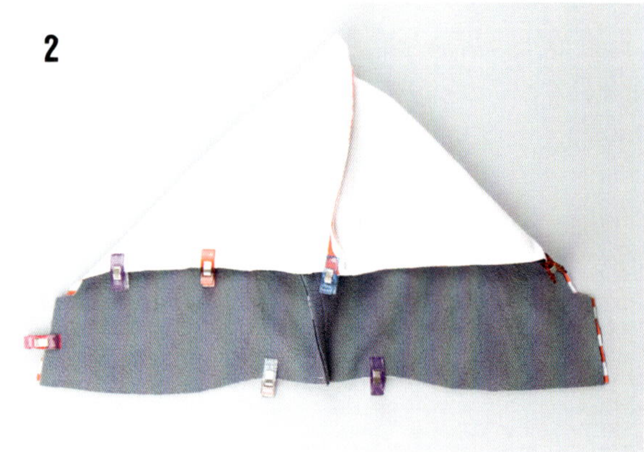

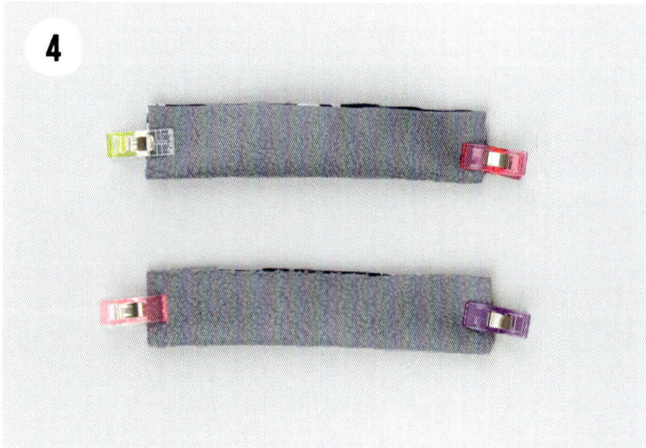

1. Jeweils beide Hälften der Kapuze aus Außen- und Futterstoff rechts auf rechts stecken und die obere/hintere Naht schließen.

2. Die beiden Kapuzen rechts auf rechts ineinanderstecken und ringsherum zusammennähen. Dabei eine Wendeöffnung lassen.

3. Das Nähstück wenden. Die Nahtzugabe absteppen und gleichzeitig die Wendeöffnung schließen.

4. Die Taschenklappen mittig rechts auf rechts falten und an den kurzen Seiten zusammennähen.

5

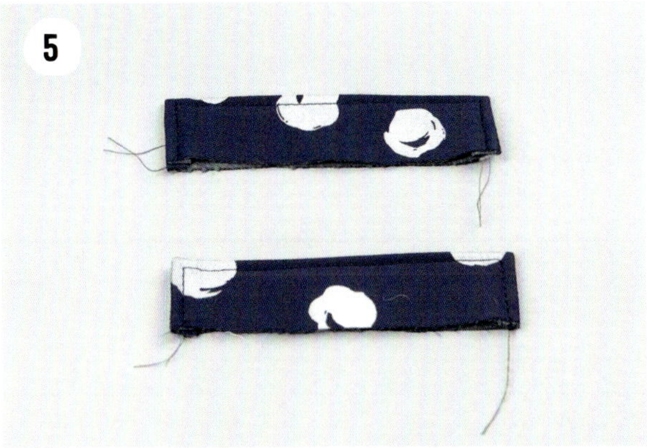

6

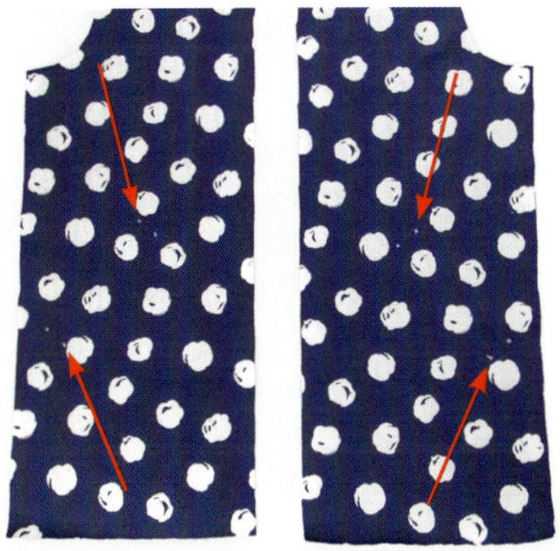

7

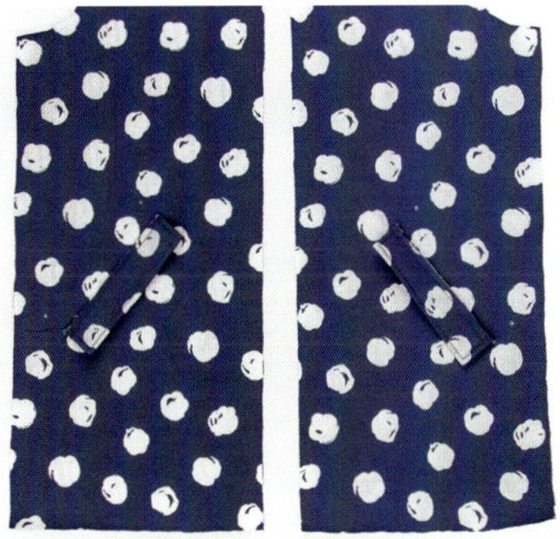

8

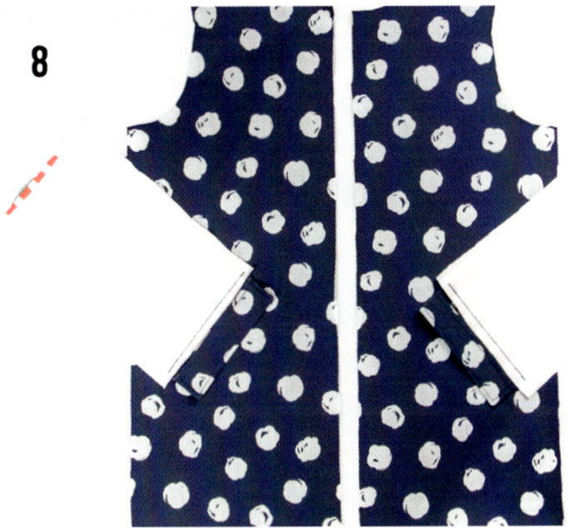

5. Die Taschenklappen wenden und an den geschlossenen Seiten knappkantig absteppen.

6. Die Markierungen für die Tasche auf die Vorderteile übertragen.

7. Die Taschenklappen an der unteren Markierung anlegen und feststeppen.

8. Die Taschenbeutel rechts auf rechts auf die obere Markierung steppen.

weiter geht's

9. Das Nähstück wenden und zwischen den Nähten einschneiden.

10. An den Enden jeweils schräg zum Dreieck einschneiden.

11. Den Taschenbeutel durch die Öffnung ziehen und an der Nahtzugabe der Taschenklappe annähen.

12. Den Taschenbeutel an den Seiten zusammennähen und dabei optional auch die Oberkante mit einem elastischen Stich versäubern.

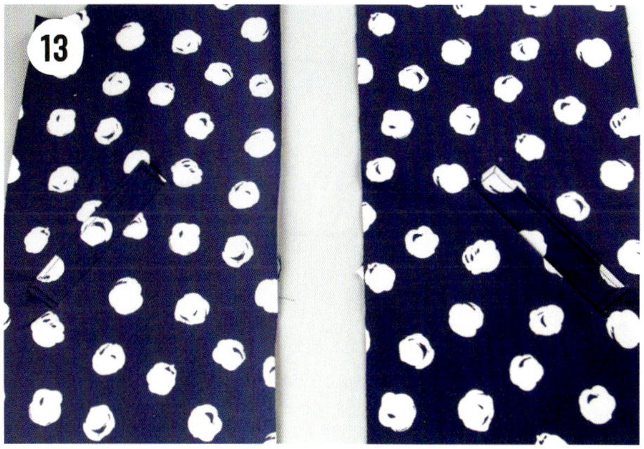

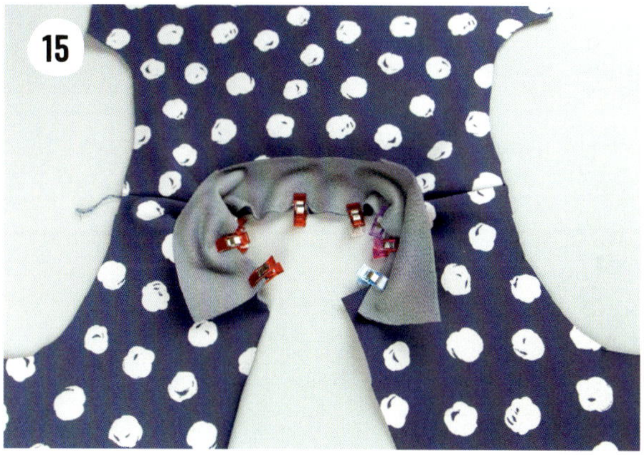

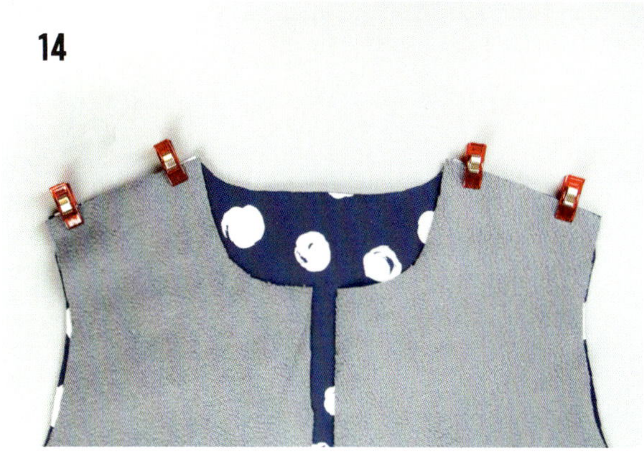

13. Die Taschenklappen umklappen und an den kurzen Seiten feststeppen.

14. Vorder- und Rückteil rechts auf rechts an den Schulternähten zusammennähen.

15. Den Kragen rechts auf rechts an den Halsausschnitt nähen.

16. Den Reißverschluss in das Vorderteil einnähen. Den Schieber 1 cm unterhalb des Halsausschnittes anlegen. Unten 3 cm Saumzugabe frei lassen.

weiter geht's

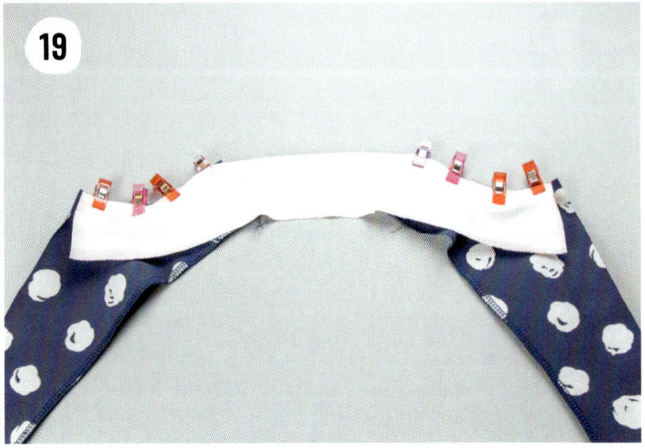

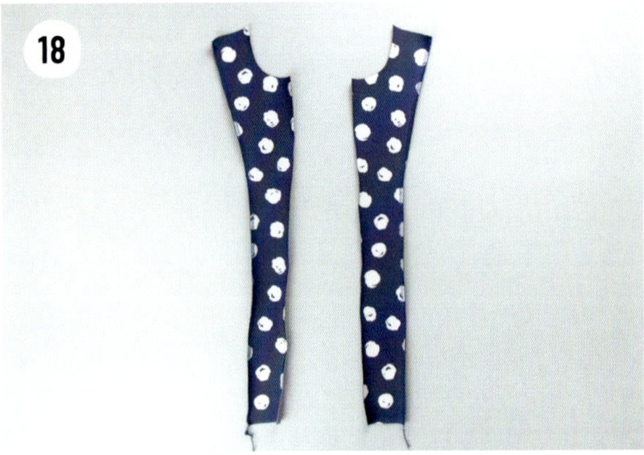

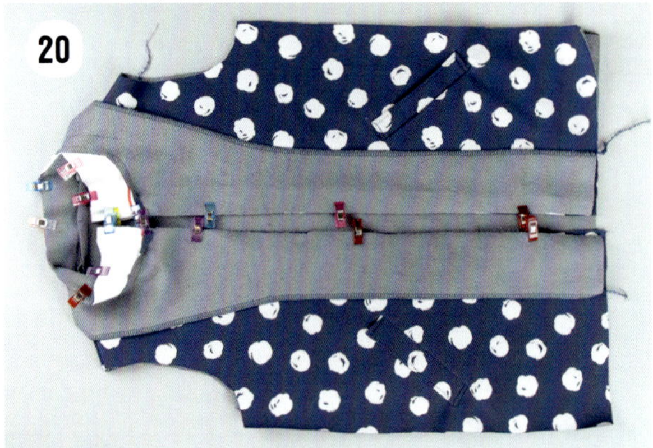

17. Die Druckknöpfe am Kragen und der Kapuze entsprechend den Markierungen anbringen.

18. Die Reißverschlussbelegteile an den später sichtbaren Kanten, also den langen geraden Kanten, versäubern.

19. Den Kragen aus Jersey rechts auf rechts auf die Reißverschlussbelege legen und von vorderer Kante bis Schulternaht festnähen.

20. Die Reißverschlussbelege rechts auf rechts an den Reißverschluss und die obere Kragenkante nähen.

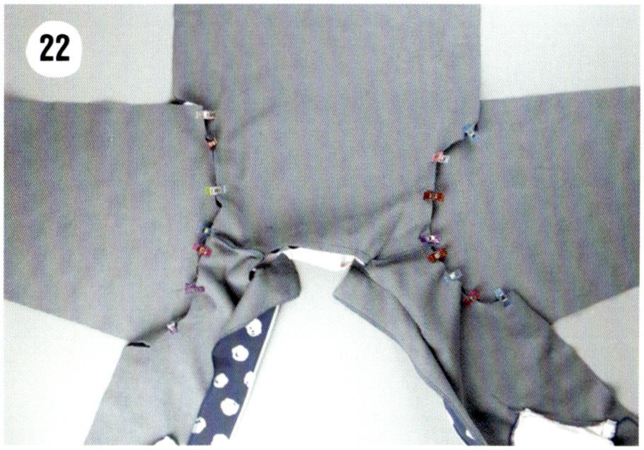

21. Die Reißverschlussbelege dann am Saum auf der Höhe von 3 cm auf die Vorderteile steppen.

22. Die Ärmel rechts auf rechts an die Armausschnitte nähen. Dabei Markierungen und Schulternähte abpassen.

23. Das Nähstück rechts auf rechts zusammenfalten. Ärmel- und Seitennähte in einem Zug schließen.

24. Die untere Jackenkante versäubern. Den Saum 3 cm einschlagen und von rechts absteppen. Reißverschluss und Kragen ebenfalls absteppen.

weiter geht's

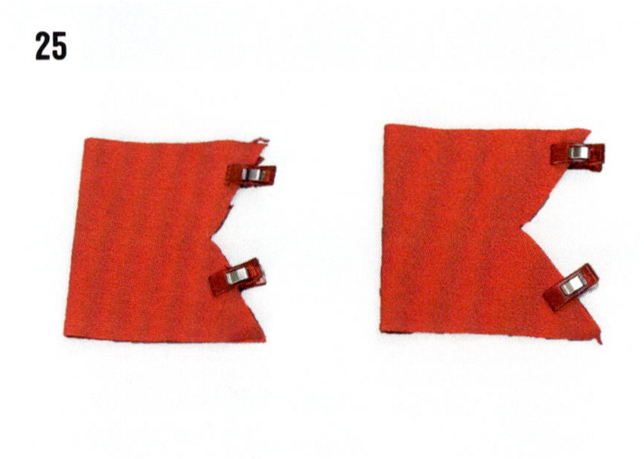

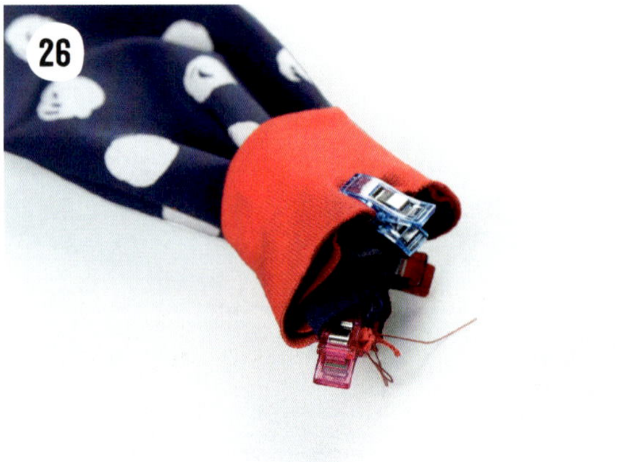

25. Die Ärmelbündchen rechts auf rechts zum Ring zusammennähen. Dann in der Höhe links auf links zur Hälfte falten, sodass ein Konus entsteht.

26. Die Ärmelbündchen rechts auf rechts an den Ärmeln annähen. Dabei treffen die Bündchennähte genau auf die Ärmelnähte.

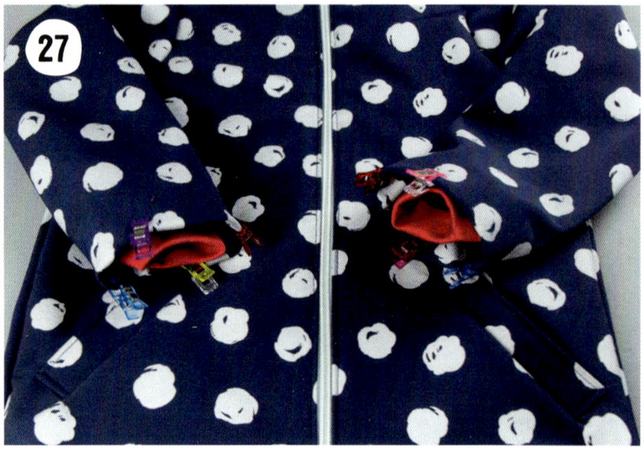

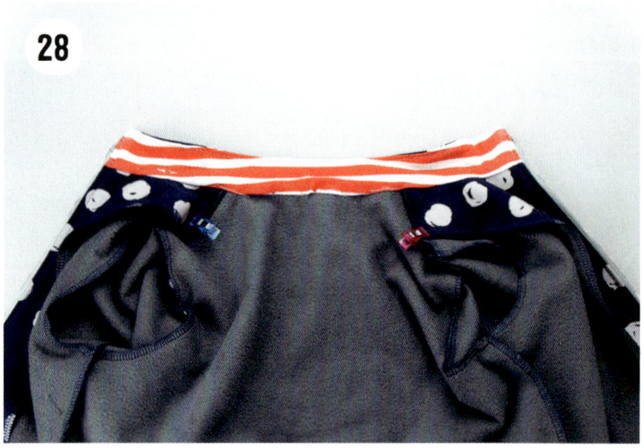

27. Den Ärmelsaum einschlagen, das Bündchen nach innen schieben und absteppen.

28. Die Nahtzugabe am Kragenbeleg einschlagen und annähen. Den Reißverschlussbeleg in der Nahtzugabe der Schulternaht fixieren. Fertig!

Jogginghose

Die gemütliche Jogginghose ist lässig zu tragen und sehr bequem. Sie bietet genügend Bewegungsfreiheit zum Spielen und Toben.

Material:

Als Materialien für die Hose eignen sich Sweat oder French Terry.

- 100 cm Sweat in Grau mit Kakteenmuster
- 140 cm Cuff-Me-Bündchen
- 100 cm Gummiband

Zuschnitt:

AUS GRAUEM KAKTEENMUSTER-SWEAT

- 2 x Vorderteil (SB 4) gegengleich
- 2 x Rückteil (SB 4) gegengleich
- 1 x Taillenbündchen (SB 4) im Stoffbruch

AUS CUFF-ME-BÜNDCHEN

- 2 Streifen, je in Hosenbeinlänge

Die passende Länge des Gummibands wird direkt am Körper abgemessen: Taillenumfang x 0,8–0,9 je nach Elastizität des Gummis.
Die Schnittmuster enthalten bereits eine Nahtzugabe von 1 cm und eine Saumzugabe von 3 cm.

TIPP

Du kannst die Seiten der Hose ganz nach Belieben mit elastischen Bändern und Cuffs verzieren.

So geht's

1. Bei Vorder- und Hinterhose jeweils die beiden Teile rechts auf rechts stecken und die vordere Mittelnaht sowie die Gesäßnaht schließen.
2. Vorder- und Hinterhose rechts auf rechts aufeinanderstecken und die Seitennähte schließen.
3. Den weißen Teil des Bündchenstreifens einschlagen und den Streifen mittig von rechts entlang beiden Kanten auf der Seitennaht aufsteppen.
4. Anschließend Vorder- und Hinterhose wieder rechts auf rechts legen und die Beininnennaht schließen.

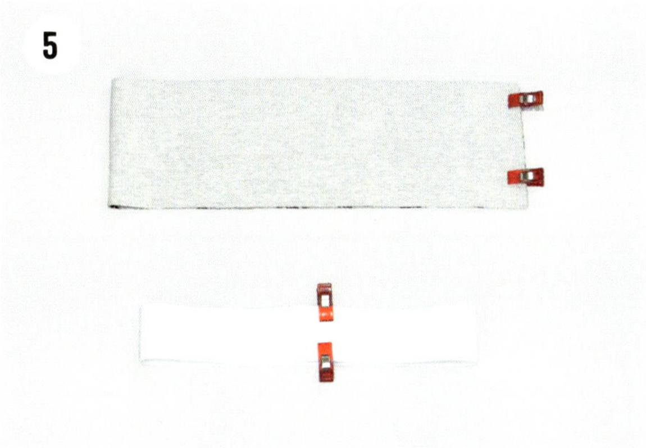

5. Das Taillenbündchen rechts auf rechts zum Ring zusammennähen. Das Gummiband leicht überlappend ebenfalls zum Ring zusammennähen.

6. Das Bündchen in der Höhe links auf links zur Hälfte falten und das Gummi dazwischenstecken.

7. Das Bündchen mit dem Gummi rechts auf rechts auf die obere Hosenkante stecken und ringsherum annähen. Dabei das Gummi jeweils so dehnen, dass das Hosenteil glatt liegt. Die Bündchennaht mit der hinteren Mitte abpassen.

8. Den Saum der Hosenbeine auf die linke Stoffseite einschlagen und absteppen.

TIPP

Verdeckte innenliegende Nähte werden mit der Haushaltsnähmaschine genäht. Sichtbare Nähte nähst du mit der Overlock.

Collegejacke

Die lässige Sweatjacke passt perfekt zur Jogginghose. Sie ist schnell genäht, und die Raglanärmel eignen sich super für bunte Stoffkombinationen.

Material:

- 100 cm Sweat in Grau mit Kakteenmuster
- 100–110 cm Cuff-Me-Bündchen bunt gestreift
- 1 Reißverschluss, teilbar

Größe	92	98	104	110	116	122	128
Länge	33 cm	35 cm	38 cm	41 cm	43 cm	45 cm	47 cm

Zuschnitt:

AUS GRAUEM KAKTEEN-SWEAT

- 2 x Vorderteil (SB 4) gegengleich
- 1 x Rückteil (SB 4) im Stoffbruch
- 2 x Ärmel (SB 4) gegengleich
- 4 x Taschenbeutel (SB 4) gegengleich
- 2 x Einsatz, je 6 x 10 cm
- 2 x Reißverschlussbeleg (SB 4) gegengleich, aus Schnittteil Vorderteil kopieren

AUS CUFF-ME-BÜNDCHEN

- 1 x Bauchbündchen
- 1 x Halsbündchen
- 2 x Ärmelbündchen

Die Bündchenlängen nach der auf Seite 28 angegebenen Formel berechnen. Die Schnittmuster enthalten bereits eine Nahtzugabe von 1 cm und eine Saumzugabe von 3 cm.

So geht's

1

3

2

4

1. Zwei Taschenbeutel an den markierten Positionen rechts auf rechts an die Seitenkanten des Vorderteils nähen.

2. Zwei Taschenbeutel ebenso rechts auf rechts an das Rückteil nähen.

3. Die Einsätze aus Oberstoff jeweils rechts auf rechts an die schmalen Kanten des Bauchbündchens nähen, wie auf dem Foto gezeigt.

4. Die Einsätze mit dem Bündchen rechts auf rechts an die untere Kante der Vorderteile nähen. Das Bündchen wird nicht angenäht. Anschließend die Einsätze und das Bündchen herunterklappen.

5

7

6

8

5. Die Einsätze mit einer Nadel in der Mitte markieren. Dort beginnen, den Reißverschluss rechts auf rechts an die beiden Vorderteile zu nähen. Reißverschluss und Einsätze müssen später bündig mit der Bündchenkante abschließen. Der Reißverschluss endet oben 1 cm unterhalb des Halsausschnittes.

6. Ärmel rechts auf rechts an die Oberkanten des Vorderteils nähen, dabei die Markierungen abpassen. Dann das Rückteil an die noch freien Oberkanten der Ärmel nähen, dabei wieder auf die Markierungen achten.

7. Vorder- und Hinterteil rechts auf rechts falten. Die Taschenbeutel nach außen übereinanderlegen. Ärmel- und Seitennaht schließen.

8. Das Bauchbündchen rechts auf rechts an die Jacke stecken und annähen.

weiter geht's

9

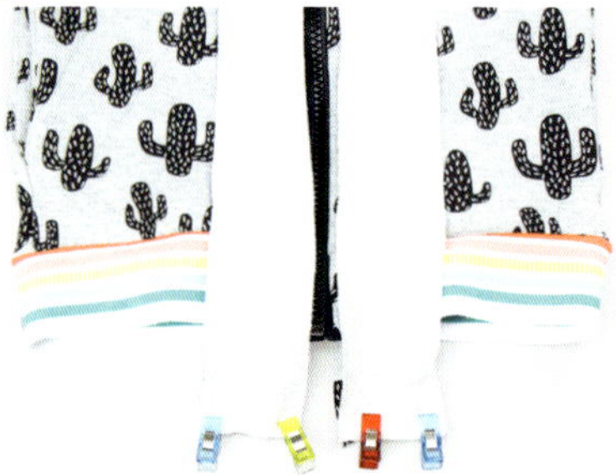

11

10

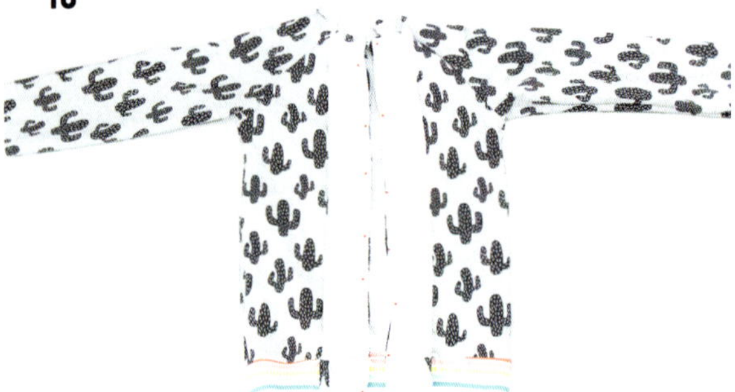

12

9. Bauchbündchen und Einsätze wieder nach unten klappen. Die Reißverschlussbelege an der äußeren Kante versäubern, dann so auf die Einsätze stecken, dass die versäuberten Kanten zur Jacke zeigen, und an der Unterkante annähen.

10. Die Belege wieder hochklappen und bis 1 cm vor den Halsausschnitt an den Reißverschluss annähen. Darauf achten, dass die Nähte von Einsatz/Beleg auf einer Linie am Reißverschluss liegen.

11. Das Halsbündchen rechts auf rechts an den Halsausschnitt stecken. Das Bündchen so zwischen Beleg und Vorderteil fassen, dass seine spätere Oberkante mit der Reißverschluss-Oberkante abschließt, und zusammennähen.

12. Die Ärmelbündchen rechts auf rechts zum Ring zusammennähen.

13

15

14

16

13. Die Ärmelbündchen rechts auf rechts an die Ärmel nähen. Dabei Bündchennähte und Ärmelnähte abpassen.

14. Die Nahtzugabe der Einsätze auf der Jackeninnenseite einschlagen und absteppen.

15. Den Halsausschnitt absteppen.

16. Nun nur noch den Reißverschluss absteppen. Fertig!

TIPP

Verwende beschichtete Stoffe, damit die Tasche etwas robuster wird.

Umhängetasche

Kleine Sammler brauchen immer eine Tasche. Egal ob für Fundstücke, das Lieblingsauto oder die Lieblingspüppchen. In der kleinen Tasche finden die wichtigsten Dinge ihren Platz.

Material:

- 50 x 50 cm beschichteter Baumwoll-Webstoff mit Sternenmuster
- 15 cm Endlos-Reißverschluss
- 50 x 50 cm Baumwoll-Webstoff, gestreift
- 120 cm Gurtband
- 2 D-Ringe
- 2 Karabiner

Zuschnitt:

AUS BESCHICHTETEM STERNEN-BAUMWOLL-WEBSTOFF (OBERSTOFF)

- 2x oberes Seitenteil, je 7 x 6 cm
- 2x unteres Seitenteil, je 7 x 12 cm
- 1x Boden, je 14 x 7 cm
- 2x Taschenteil, je 14 x 16 cm
- 1x Eingrifftasche (SB 3)
- 2x Reißverschlussstreifen, je 14 x 3,8 cm

AUS GESTREIFTEM BAUMWOLL-WEBSTOFF (FUTTERSTOFF)

- 2x oberes Seitenteil, je 7 x 6 cm
- 2x unteres Seitenteil, je 7 x 12 cm
- 1x Boden, 14 x 7 cm
- 2x Taschenteil, je 14 x 16 cm
- 1x Eingrifftasche (SB 3)
- 2x Reißverschlussstreifen, je 14 x 3,8 cm

AUS GURTBAND

- 2x Gurtband, 60 cm

Die Schnittmuster enthalten bereits eine Nahtzugabe von 1 cm.

So geht's

1. Die Eingrifftaschen aus Futter und Oberstoff in der Rundung rechts auf rechts zusammennähen. Anschließend wenden.

2. Die beiden Gurtbandstreifen durch die D-Ringe fädeln und zusammenstecken.

3. Die Gurtbandstreifen mittig am oberen kurzen Rand der unteren Seitenteile platzieren; die D-Ringe liegen auf dem Stoff.

4. Die oberen Seitenteile jeweils rechts auf rechts auf die unteren Seitenteile stecken. Die Gurtbandstreifen liegen dazwischen. Zusammennähen. Die Nahtzugabe von rechts absteppen.

5

7

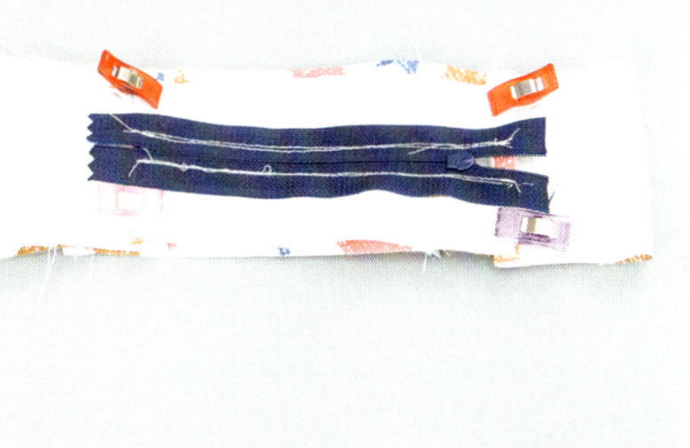

6

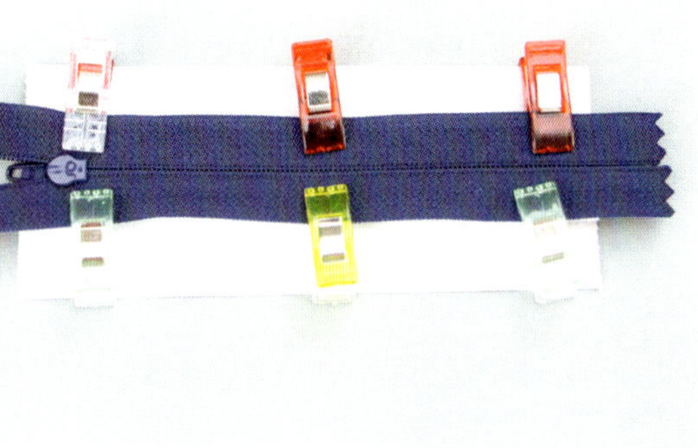

8

5. Die beiden Seitenteile rechts auf rechts an den Boden nähen.

6. Die Reißverschlussstreifen links auf rechts an den Reißverschluss nähen.

7. Das obere Taschenteil mit Reißverschluss rechts auf rechts an die kurzen Kanten der beiden Seitenteile nähen.

8. Die Eingrifftasche rechts auf rechts auf das vordere Taschenteil stecken.

weiter geht's

9

11

10

12

9. Das vordere und hintere Taschenteil jeweils rechts auf rechts rundherum in die Seitenstreifen einnähen.

10. Die Futterteile auf die gleiche Weise, nur ohne Reißverschluss und Eingrifftasche, zusammennähen. Die Nahtzugaben am Reißverschlussschlitz umbügeln. Die Außentasche auf links wenden.

11. Die Außentasche links auf links in die Innentasche stecken. Den Futterstoff von Hand an den Reißverschluss nähen. Die Tasche wenden.

12. Gurtband in gewünschter Länge durch die Karabiner fädeln, die Enden umschlagen und annähen. Damit die Enden des Gurtbands nicht aufdröseln, kannst du sie vorsichtig mit einem Feuerzeug einschmelzen. Nun kannst du die Karabiner in die D-Ringe einhaken und fertig ist die Tasche.

Warm & kuschelig

Wintermantel

Ein Wintermantel aus natürlichen Materialien und wärmendem Steppfutter darf in keinem Kids-Kleiderschrank fehlen.

Material:

- 100 cm Wollwalk in Grau
- 100 cm Steppstoff in Dunkelblau
- ca. 60 cm Cuff-Me-Bündchen in Dunkelblau
- ca. 50 cm Paspelband in Dunkelblau
- 4 Knebelverschlüsse

Zuschnitt:

AUS WOLLWALK

- 2 x Vorderteil (SB 4) gegengleich
- 2 x Tascheneinsatz mit Eingriff (SB 4) gegengleich, aus Schnittteil Vorderteil kopieren
- 1 x Rückteil (SB 2) im Stoffbruch
- 2 x Ärmel (SB 3) gegengleich
- 2 x Kapuze (SB 1) gegengleich

AUS STEPPSTOFF (FUTTERSTOFF)

- 2 x Vorderteil (SB 4) gegengleich
- 2 x Taschenbeutel (SB 4) gegengleich, aus Schnittteil Vorderteil kopieren
- 1 x Rückteil (SB 2) im Stoffbruch
- 2 x Ärmel (SB 3) gegengleich
- 2 x Kapuze (SB 1) gegengleich

AUS CUFF-ME-BÜNDCHEN

- 2 x Ärmelbündchen
- 2 x Bündchen für Tascheneingriffe, auf 2 cm Breite zurückgeschnitten

AUS PASPELBAND

- 2 x in der Länge der äußeren Rundung des Tascheneingriffs

Die Länge für Ärmelbündchen und Tascheneingriffe nach der auf Seite 28 angegebenen Formel berechnen. Die Schnittmuster enthalten bereits eine Nahtzugabe von 1 cm und eine Saumzugabe von 3 cm. An den Teilungslinien muss die Nahtzugabe noch hinzugefügt werden.

So geht's

1

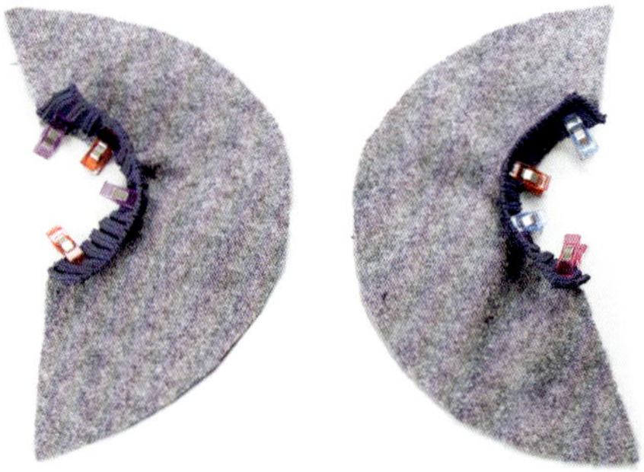

3

2

4

1. Einen 2 cm schmalen Bündchenstreifen leicht gedehnt rechts auf rechts an den Tascheneingriff nähen. Die Nahtzugabe von rechts absteppen.

2. Den Einsatz rechts auf rechts an die Vorderteile nähen. Dabei das Paspelband mitfassen.

3. Die Taschenbeutel rechts auf links entlang den Einsätzen auf die Vorderteile stecken. Von rechts absteppen und gleichzeitig die Taschenbeutel annähen.

4. Vorder- und Hinterteil rechts auf rechts an den Schulternähten zusammennähen.

5. Die Ärmel rechts auf rechts an die Armausschnitte nähen. Die Schulternähte mit den Markierungen auf den Ärmeln abpassen.

6. Vorder- und Hinterteil rechts auf rechts legen. Ärmel- und Seitennaht in einem Arbeitsgang schließen.

7. Beide Hälften der Kapuze entlang der Hinterkante und Oberkante rechts auf rechts zusammennähen.

8. Die Kapuze rechts auf rechts an den Halsausschnitt nähen.

weiter geht's

9

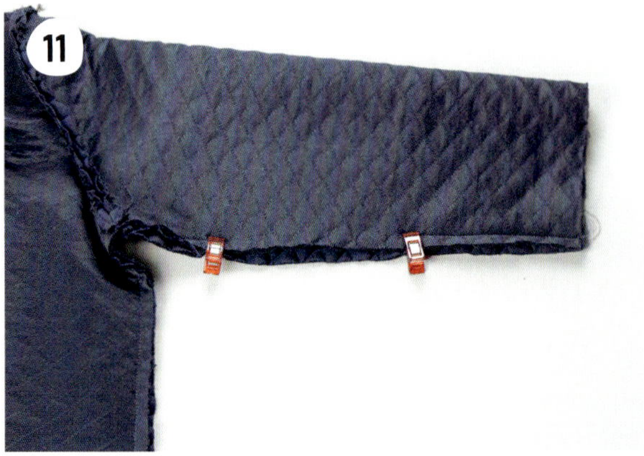
11

10

12

9. Die Verschlüsse in gleichmäßigen Abständen entsprechend dem Foto auf dem Vorderteil annähen.

10. Die Futterjacke ebenfalls nach dem gleichen Bauprinzip aus Vorder- und Rückteil, Ärmeln und Kapuze zusammennähen.

11. In der Ärmelnaht der Futterjacke eine Wendeöffnung lassen.

12. Außen- und Futterjacke rechts auf rechts rundherum zusammennähen.

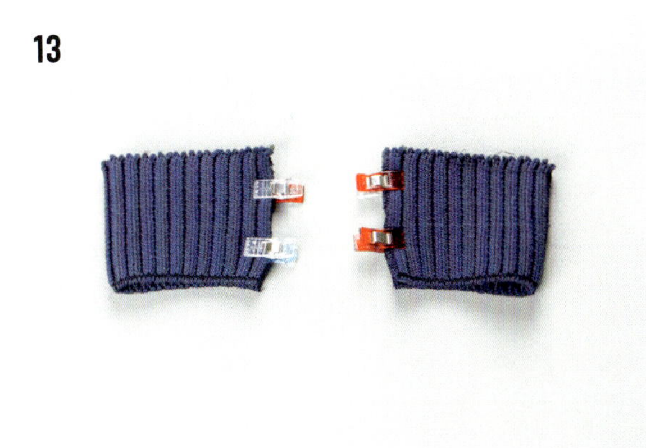

13. Die Ärmelbündchen rechts auf rechts zum Ring zusammennähen.

14. Die Jacke so legen, dass die Ärmel von Außen- und Futterjacke übereinanderliegen.

15. Die Bündchen rechts auf rechts in den Ärmel der Außenjacke stecken.

16. Den Ärmel der Futterjacke ebenfalls rechts auf rechts auf die Außenjacke stecken. Das Bündchen liegt dazwischen. Einmal rundherum zusammennähen. Darauf achten, alle drei Lagen Stoff zu fassen.

weiter geht's

17. Zwischen den Markierungen Futter- und Außenjacke in der Nahtzugabe aufeinander feststeppen. Die Jacke durch die Wendeöffnung in der Futterjacke wenden.

18. Die Wendeöffnung schließen.

TIPP

Der Reißverschluss in der Schulternaht kann auch weggelassen werden.

Fleecepullover

Der Sweater mit durchgängiger, geräumiger Känguru-Bauchtasche und angenehm legerer Weite ist speziell für kuschelige Sweatstoffe konzipiert worden.

Material:

- 70 cm Alpenfleece in Senfgelb gemustert
- 20 cm Jersey in Anthrazit
- 90 cm Cuff-Me-Bündchen in Schwarz
- 50 cm Paspelband in Schwarz
- 2 Ösen
- 30 cm Satinband in Schwarz
- Reißverschluss, nicht teilbar, 10 cm lang

Zuschnitt:

AUS ALPENFLEECE

- 1 x oberes Vorderteil (SB 4)
- 1 x unteres Vorderteil (SB 4) mit Taschenausschnitt
- 1 x Rückteil (SB 2) im Stoffbruch
- 2 x Ärmel (SB 4) gegengleich

AUS JERSEY

- 1 x unteres Vorderteil (SB 4) ohne Taschenausschnitt
- 1 x Streifen für Taschenausschnitt, 4 cm breit
- 1 x vorderer Beleg Halsausschnitt (SB 4), aus Schnittteil oberes Vorderteil kopieren
- 1x hinterer Beleg Halsausschnitt (SB 2), aus Schnittteil Rückteil kopieren

AUS CUFF-ME-BÜNDCHEN

- 2 x Ärmelbündchen
- 1 x Bauchbündchen

AUS PASPELBAND

- 1 x in der Länge der Unterkante des oberen Vorderteils

Die Bündchenlänge für Ärmel- und Bauchbündchen nach der auf Seite 28 angegebenen Formel berechnen.

Der Reißverschluss hat in allen Größen eine Länge von 10 cm.

Die Schnittmuster enthalten bereits eine Nahtzugabe von 1 cm und eine Saumzugabe von 3 cm. An den Teilungslinien muss die Nahtzugabe noch hinzugefügt werden.

So geht's

1. Den Streifen für den Taschenausschnitt mittig links auf links falten und leicht gedehnt rechts auf rechts an den Tascheneingriff nähen. Die Nahtzugabe von rechts absteppen.

2. Den Taschenbeutel aus Alpenfleece links auf rechts mit dem unteren Vorderteil aus Jersey zusammenstecken und in der Nahtzugabe heften, damit sich nichts verzieht.

3. Im oberen Vorderteil an den markierten Positionen die Ösen anbringen. Das Paspelband gemäß Anleitung auf Seite 23 an die Unterkante nähen.

4. Das untere Vorderteil rechts auf rechts an das obere Vorderteil nähen. Die Paspel dazwischen fassen. Aufklappen und von rechts oberhalb des Paspelbands absteppen.

5. Vorder- und Hinterteil rechts auf rechts legen, die rechte Schulternaht schließen. Wenn ohne Reißverschluss genäht wird, die linke Schulternaht ebenfalls schließen.

6. Vorderen und hinteren Beleg rechts auf rechts aufeinanderlegen, die rechte Schulternaht schließen. Die linke Schulternaht ebenfalls schließen, wenn ohne Reißverschluss genäht wird.

7. Den Beleg an der unteren Kante versäubern und mit der Oberkante rechts auf rechts an den Halsausschnitt nähen. Dabei die Seitennähte abpassen.

8. Den Reißverschluss in die linke Schulternaht einnähen, wie auf Seite 22 beschrieben. Der Schieber endet bündig an der Belegnaht.

weiter geht's

9. Den Beleg nach innen klappen, die Nahtzugabe einschlagen und von Hand an den Reißverschluss nähen.

10. Die Ärmel rechts auf rechts an die Armausschnitte nähen.

11. Dabei beim linken Ärmel die Schultermarkierung mit dem Reißverschluss abpassen.

12. Den Pullover rechts auf rechts falten. Ärmel- und Seitennähte in einem Schritt schließen.

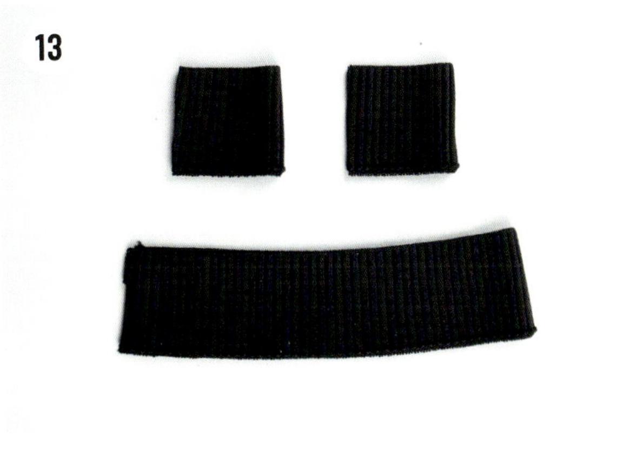

13. Ärmel- und Bauchbündchen jeweils rechts auf rechts zum Ring zusammennähen.

14. Dann die Bündchen rechts auf rechts an den Pullover nähen. Die Bündchennaht mit Ärmel- bzw. Seitennaht abpassen.

15. Zum Schluss noch das Satinband durch die Ösen am Kragen ziehen und zu einer dekorativen Schleife binden. Fertig!

Glossar

ABPASSEN
Abpassen bedeutet, dass Naht auf Naht oder Knips auf Knips aufeinandertreffen.

ABSTEPPEN
Abgesteppt wird von rechts parallel zu einer bereits gesteppten Naht oder an einer Kante entlang.

BÜGELN
Gebügelt wird vorzugsweise mit Dampf und gegebenenfalls einem dünnen Tuch zwischen Bügeleisen und Nähstück, um den Stoff zu schonen.

BELEG
Belege sind formgleiche Gegenstücke von Kanten und Ausschnitten und dienen dazu, Kantenabschlüsse sauber zu nähen.

BUND
Als Bund wird der Taillen- oder Hüftabschluss bei Hosen und Röcken bezeichnet. Unter Bündchen versteht man dagegen den Saumabschluss von Ärmeln oder auch Hosenbeinen.

DER BREITE NACH FALTEN
Der Stoff wird parallel zur schmalen Seite gefaltet.

DER LÄNGE NACH FALTEN
Der Stoff wird parallel zur Längsseite gefaltet.

D-RING
Der D-Ring wird aus Metall oder Kunststoff gefertigt und dient dem Verbinden zweier Teile. Meistens finden diese Ringe ihre Verwendung beim Taschen-Nähen.

EINLAGE
Einlage und Vlies sind die Helfer im Verborgenen. Sie verstärken Bund und Kragen, können einer Tasche ihre Form geben und eine Decke füllen.

FADENLAUF
Der Fadenlauf ist die Richtung der Längsfäden im Gewebe, er verläuft immer parallel zur Webkante.

HEFTEN
Beim Heften werden Stoffteile provisorisch zusammengenäht. Das macht man meist von Hand mit einem sehr großen Stich. Geheftete Kleidungsstücke können anprobiert und schnell wieder aufgetrennt werden.

LINKE STOFFSEITE
Die linke Stoffseite eines Kleidungsstücks liegt in der Regel innen. Auf dieser Seite werden auch die Markierungen mit Schneiderkreide aufgezeichnet.

NAHTZUGABE
Die Nahtzugabe ist der Abstand zwischen Schnittkante und eigentlicher Naht. Je nach Stoffart und Nähvorgaben variiert die Breite der Zugabe.

RECHTE STOFFSEITE
Diese Seite des Stoffes liegt außen und ist, bei Druckstoffen, mit dem Muster versehen.

SAUM
Der Saum ist die versäuberte untere Stoffkante an einem Kleidungsstück. Es gibt viele verschiedene Saumarten, wie beispielsweise den Roll-, Hohl- oder Umschlagsaum.

STEPPEN
Der Begriff Steppen bezeichnet das Nähen einer geraden Naht. Die Naht sieht bei diesem Stich auf beiden Seiten gleich aus und verbindet mindestens zwei Stofflagen miteinander.

STOFFBRUCH
Beim Zusammenlegen oder Umschlagen eines Stoffs entsteht eine Falte, welche als Stoffbruch oder Umbruchkante bezeichnet wird.

TUNNELZUG
Bei einem Tunnelzug handelt es sich um einen kleinen, umgenähten Saum oder einen aufgenähten Stoffstreifen, durch den ein Band oder eine Kordel hindurchgezogen wird. Besonders häufig ist er bei einem Kapuzenpullover oder auch an der Jackenkapuze vorzufinden.

VERSÄUBERN
Um ein Ausfransen der Nahtzugabe zu verhindern, ist das Versäubern der Kanten unerlässlich. Du kannst entweder die Overlock oder einen Zickzackstich verwenden.

WEBKANTE
Das ist die Begrenzung, die abhängig von der Webtechnik auf beiden Seiten oder auch nur auf einer Seite des Gewebes durch den Richtungswechsel der Schussfäden entsteht. Die Webkanten sind fast immer etwas steifer und haben eine andere Struktur als das restliche Gewebe und sollten beim Zuschneiden nicht mit einbezogen werden.

WENDEN
Zwei rechts auf rechts zusammengenähte Stoffteile werden durch eine Öffnung in der Naht gewendet.

Über die Autorin

Julia Hennicke lebt mit ihrer Familie in Weimar. Sie ist Gründerin von Textilsucht©, Mama von zwei Jungs, Onlinecoach, Bloggerin, nähverrückt und textilsüchtig. Bereits als Kind hat sie ihrer Mama über die Schulter geschaut und das Nähen gelernt. Inspiriert von den eigenen Kindern und auf der Suche nach individueller Kinderkleidung, hat sie vor vier Jahren ihr eigenes Schnittmusterlabel Textilsucht© gegründet. Hier findet man Schnittmuster und Nähanleitungen für die ganze Familie, mit denen wirklich jeder nähen lernen kann.

www.textilsucht.de

www.facebook.com/textilsucht

www.instagram.com/textilsucht

Danke

Ich danke der **Edition Michael Fischer** und vor allem Judith für die angenehme Zusammenarbeit und die Chance, meine Ideen in diesem Buch umzusetzen.

Ich danke meinen Sponsoren **Alles für Selbermacher, Stoff&Stil, Prym, buttinette und Stoffe.de** für die großzügigen Materialspenden.

Ganz besonders danke ich **meiner Familie,** besonders meiner Mutter, die mir helfend beiseitestand. Und natürlich meiner Schnittdirektrice Astrid für die Realisierung meiner Entwürfe in den Schnittmustern.

Wo findest du die Materialien?

Alle Materialien für dieses Buch findest du in gut sortierten Stoffläden vor Ort oder in diesen Onlineshops:

www.alles-fuer-selbermacher.de

www.stoffundstil.de

www.buttinette.de

www.stoffe.de

www.prym.com

Noch mehr tolle Bücher ...

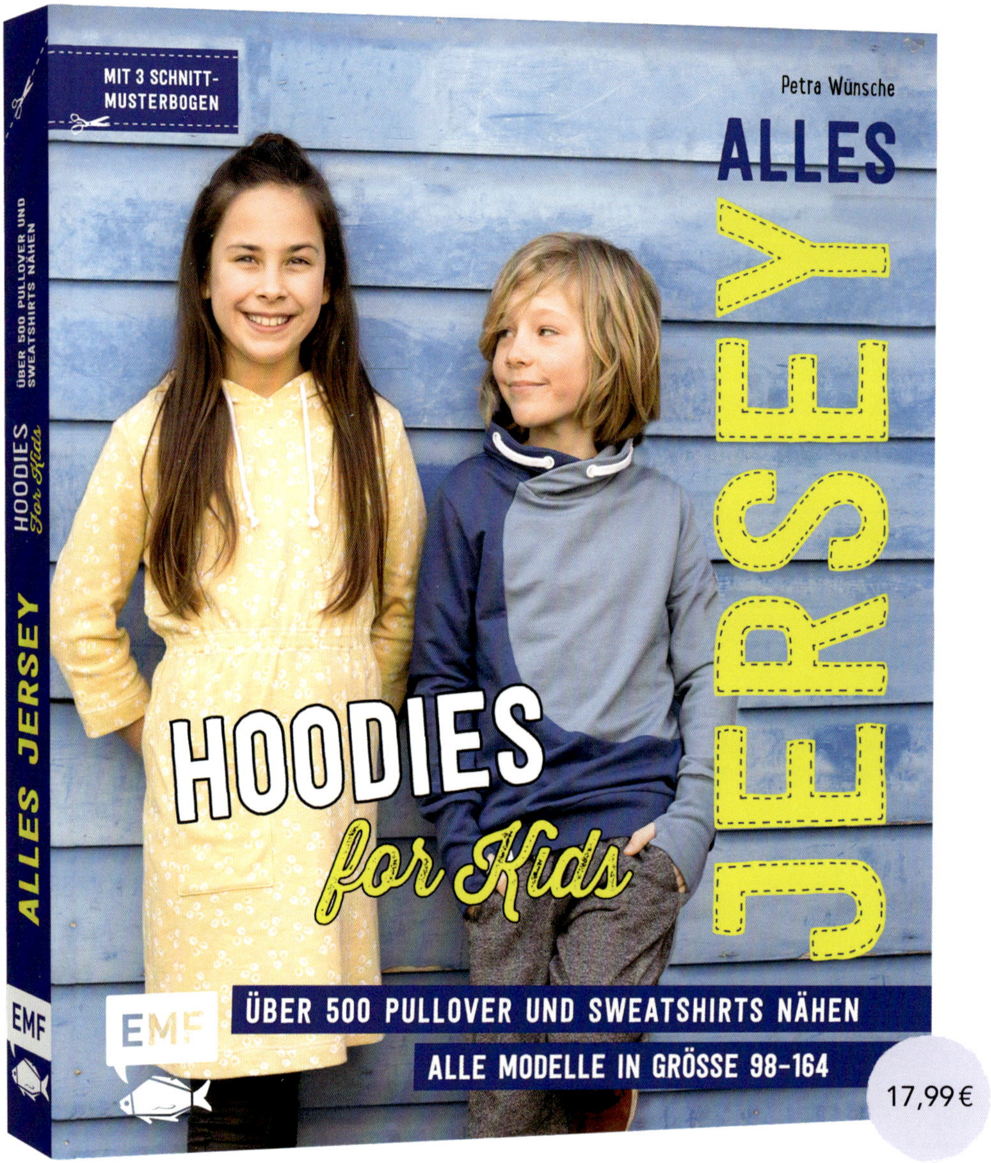

Alles Jersey – Hoodies for Kids
Über 500 Pullover und Sweatshirts nähen – Alle Modelle
in Größe 98–164 – Mit 3 Schnittmusterbogen

ISBN 978-3-96093-036-5

Alles Jersey – Boys only: Kinder-kleidung für coole Jungs nähen
Alle Modelle in Größe 92-128 -
Mit 4 Schnittmusterbogen

ISBN 978-3-86355-870-3

Alles Jersey – Cool Kids: Kinder-kleidung nähen
Alle Modelle in Größe 98–164 –
Mit 4 Schnittmusterbogen

ISBN 978-3-86355-761-4

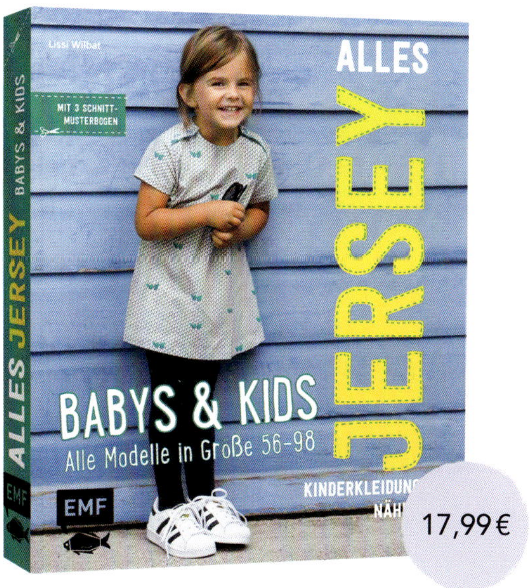

Alles Jersey – Babys & Kids: Kinder-kleidung nähen
Alle Modelle in Größe 56-98 -
Mit 3 Schnittmusterbogen

ISBN 978-3-86355-607-5

Alles Jersey – Babykleidung nähen
Alle Modelle in Größe 44–98 –
Mit 2 Schnittmusterbogen

ISBN 978-3-86355-840-6

Impressum

Der Verlag bedankt sich herzlich für das freundliche Materialsponsoring bei
Alles für Selbermacher, buttinette, stoffe.de, Prym sowie Stoff & Stil!

Bibliografische Information der Deutschen Bibliothek.

Die Deutsche Bibliothek verzeichnet diese Publikation in der Deutschen Nationalbibliografie. Detaillierte bibliografische Daten sind im Internet über http://www.dnb.de/ abrufbar.

EIN BUCH DER EDITION MICHAEL FISCHER

1. Auflage 2019

Covergestaltung: Bernadett Linseisen
Layout und Satz: Maximilian Fischer
Produktmanagement: Judith Wiedemann
Lektorat: Ute Wielandt, Baar-Ebenhausen
Bilder: Patrick Wittman, München (Cover und alle Projektbilder);
Julia Hennicke (alle Grundlagen- und Schrittbilder)
Schnittdirektrice: Astrid Hein, Everswinkel

ISBN 978-3-96093-242-0

Gedruckt bei Polygraf Print, Čapajevova 44, 08001 Prešov, Slowakei

www.emf-verlag.de